곤충에서 찾은 기후 위기 이야기

생각하는 어린이 과학편 ⑥

곤충에서 찾은 기후위기 이야기

초판 인쇄	2025년 06월 20일
초판 발행	2025년 06월 25일
글쓴이	박영주
그린이	갈맹이
펴낸이	이재현
펴낸곳	리틀씨앤톡
출판등록	제 2022-000106호(2022년 9월 23일)
주소	경기도 파주시 문발로 405 제2출판단지 활자마을
전화	02-338-0092
팩스	02-338-0097
홈페이지	www.seentalk.co.kr
E-mail	seentalk@naver.com
ISBN	979-11-94382-18-8 73400

ⓒ 2025, 박영주

• 저작권법에 의하여 한국 내에서 보호를 받는 저작물이므로 무단전재 및 복제를 금합니다.
• KC마크는 이 제품이 공통안전기준에 적합하였음을 의미합니다.

KC		
	모델명 곤충에서 찾은 기후 위기 이야기 **제조년월** 2025. 06. 25. **제조자명** 리틀씨앤톡 **제조국명** 대한민국	
	주소 경기도 파주시 문발로 405 제2출판단지 활자마을 **전화번호** 02-338-0092 **사용연령** 7세 이상	

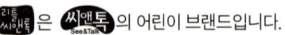은 씨앤톡의 어린이 브랜드입니다.

| 작가의 말 |

곤충을 알면 세상이 보여요

안녕하세요, 친구들!

『곤충에서 찾은 기후 위기 이야기』는 지구가 어떻게 변하고 있는지, 그리고 그 변화가 우리 주변의 곤충들에게 어떤 영향을 미치는지에 대한 이야기를 담고 있어요.

아프리카 케냐의 만년설 지역에 난데없이 모기가 나타나서 말라리아를 퍼뜨리고 캐나다에서는 호리비단벌레가 대량 발생해 가로수들이 죽어 가고 있어요. 파키스탄에서는 메뚜기 떼가 나타나서 농작물을 다 먹어 버리고, 한국에서는 나뭇가지처럼 생긴 대벌레가 나타나 많은 사람들을 놀라게 했어요. 영국에서는 아름다운 나비들이 사라지고 있고, 심지어 2024년에 올림픽이 열렸던 프랑스에서는 숙박업소에 빈대가 나타나서 관광객들에게 피해를 주기도 했어요.

이렇게 세계 여러 나라에서 일어난 곤충들의 이야기는 지구의 기후 변화와 밀접한 관계가 있어요. 온도와 날씨가 변하면서 곤충들의 서식

지와 생태계가 크게 변화하고 있거든요. 예를 들어, 기온 상승으로 인해 특정 곤충들이 더 빨리 번식하게 되고, 갑자기 새로운 지역으로 이동하기도 해요. 또, 기후 변화 때문에 곤충들에게 필요한 식물이나 먹이를 찾기 어려워지고 있어요. 이런 변화는 단순히 곤충들만의 문제가 아니라, 우리 인간과 동물들에게도 큰 영향을 미치기도 해요.

신기하지 않나요? 우리 주변에 흔한 곤충들을 잘 관찰하면 이 세상을 더 잘 알 수 있으니까 말이에요. 이 책을 통해 여러분들은 기후 변화의 위험성을 깨닫고, 우리의 소중한 지구를 어떻게 보호할 수 있을지 생각해 볼 수 있어요. 또 곤충들의 신비한 세계와 기후 변화의 연결 고리도 알게 될 거예요.

그럼, 이제 지구를 지키기 위한 세계 여행을 떠나 볼까요?

박영주

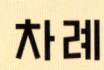

차례

작가의 말 4

제1장 케냐 고원 지대의 말라리아모기
만년설이 뒤덮인 마을에 말라리아모기가 웬일까? 10
줌 인: 모기가 궁금해? 20
기후 위기를 찾았다! 23
그래서 지금은? 27

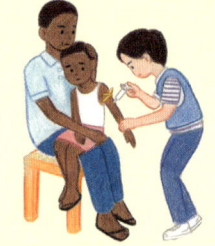

제2장 캐나다 가로수에 나타난 호리비단벌레
가로수가 다 죽어 가요! 32
줌 인: 호리비단벌레가 궁금해? 42
기후 위기를 찾았다! 45
그래서 지금은? 49

제3장 파키스탄 농촌을 공격한 메뚜기 떼
메뚜기 떼로부터 식량을 지켜야 해! 54
줌 인: 메뚜기가 궁금해? 64
기후 위기를 찾았다! 67
그래서 지금은? 71

제4장 한국 등산로를 덮어 버린 대벌레
대벌레의 침공 76
줌 인: 대벌레가 궁금해? 85
기후 위기를 찾았다! 88
그래서 지금은? 92

제5장 영국 들판에서 사라져 가는 나비
아름다운 나비를 계속 보고 싶어 96
줌 인: 나비가 궁금해? 107
기후 위기를 찾았다! 109
그래서 지금은? 113

제6장 프랑스 관광지를 위협하는 빈대
난데없는 빈대 소동 118
줌 인: 빈대가 궁금해? 126
기후 위기를 찾았다! 130
그래서 지금은? 133

제 1 장

케냐 고원 지대의 말라리아모기

만년설이 뒤덮인 마을에 말라리아모기가 웬일일까?

동생이 말라리아에 걸렸어요

앵~, 어디선가 모깃소리가 들려오는 늦은 밤이에요. 앞마당에 피워 놓은 모깃불의 매캐한 냄새가 에눅의 작은 흙집에 가득 찼어요. 엄마는 아루와의 뜨거운 이마를 찬물에 적신 수건으로 닦아 주며 안타까워했어요.

"아직도 열이 떨어지질 않아요. 어떻게 해야 좋을지 모르겠어요."

아루와는 며칠째 심한 두통과 설사, 고열로 고통받고 있어요. 에눅이 걱정스레 물었어요.

"아빠, 아루와는 왜 이렇게 아픈 거예요?"

"아무래도 말라리아모기에 물린 것 같구나. 빨리 병원에 데려가야 할 텐데."

"이렇게 약해진 아이를 데리고 하루가 넘게 걸리는 길을 어떻게 가요? 괜히 나섰다가 증상이 더 심각해질까 봐 걱정이에요. 그렇다고 가만히 보고 있을 수도 없고."

엄마의 한숨에 아빠 이마에 주름이 더 깊어졌어요.

"우리 마을에서 모기 걱정을 하게 될 줄이야! 기온이 자꾸 올라가니 빙하도 점점 줄어서 앞으로 농사도 걱정이고."

에눅이 사는 마을은 케냐산 중턱에 자리 잡고 있어요. 이 마을은 아프리카에서는 드물게 산봉우리에 빙하와 만년설이 뒤덮여 있어요. 마을 주민 모두 그곳에 사는 응가이 신과 뭄비 신이 마을을 지켜 준다고 믿고 있지요.

그래서일까요? 1년 내내 서늘하고 쾌적한 온도가 유지되는 살기 좋은 마을이랍니다. 주민들은 빙하에서 흘러내리는 물로 농사를 지으며 평화롭게 살아왔어요. 무엇보다 다른 지역에 비해 기온이 낮아서인지 모기 걱정 없이 살 수 있다는 게 아주 좋은 점이었죠.

그런데 요즘 날씨가 점점 더워지면서 마을에 모기가 출몰하기 시작했어요. 잠들 만하면 어디선가 나타나 귓가에서 윙윙거리는데, 물리면 가렵고 많이 부어올라요. 게다가 아루와처럼 말라리아에 걸린 아이들이 늘어나고 있어요. 말라리아에 걸리면 몸에 열이 많이 나고 통증이 심한 데다 경련까지 일으켜서 여간 걱정이 아니에요.

어른들이 모기를 잡으려고 온갖 노력을 다했지만 소용없었지요. 온 동네가 갑자기 발생한 말라리아 때문에 어쩔 줄 모르고 있어요.

왜 우리 마을이 더워지는 거야?

"자와리, 같이 가자!"

다음 날 학교 가는 길에 에눅은 어깨가 축 처진 친구에게 조심스럽게 다가갔어요. 말라리아에 걸렸던 자와리의 동생이 며칠 전 세상을 떠났거든요. 아직 슬픔에 잠겨 있는 친구를 어떻게 위로해 줘야 할까요? 둘은 말없이 학교까지 걸어갔어요.

전교생이 100명도 안 되는 작은 학교지만 늘 즐거운 곳이었어요. 그런데 요즘 마을에 아픈 아이들이 많아지면서 슬픈 분위기가 감돌고 있어요.

교문 앞에서 만난 교장 선생님이 걱정스럽게 물었어요.

"에눅, 아루와는 아직도 아프니?"

에눅은 힘없이 고개를 끄덕였지요. 운동장에 처음 보는 커다란 텐트 세 개가 눈에 들어왔어요. 궁금했지만 수업 시작 종이 울려서 부지런히 교실로 들어갔어요.

평소에는 왁자지껄 명랑하던 친구들이 요즘 들어 기운이 없어 보여요. 담임 선생님은 애써 웃음을 지으며 큰 소리로 인사했어요.

"안녕! 좋은 아침이에요. 혹시 몸에 열이 나거나 아픈 친구는 선생님

한테 꼭 말해 줘요."

"선생님! 모기에게 물리면 병에 걸리나요?"

에눅이 조심스럽게 질문을 하자 아이들이 저마다 웅성거렸어요.

"무슨 소리야. 눈에도 잘 안 보이는 작은 모기 때문에 병에 걸린다니?"

"옛날에 모기가 없었을 때는 말라리아에 안 걸렸다던데?"

"모기가 왜 갑자기 나타난 걸까?"

"우리 엄마가 그러는데 날씨가 더워져서 그렇대."

선생님은 우리 마을뿐 아니라 전 세계적으로 날씨가 더워지고 있어서 걱정이라고 했어요. 사람들이 석유나 석탄을 많이 사용하고, 산의 나무를 많이 베고 있대요. 그리고 쓰레기들이 점점 많아지면서 자연환경이 파괴되고 기온도 많이 올라가게 되었다고 설명해 주었어요.

그때 자와디가 갑자기 손을 번쩍 들고 큰 소리로 물었어요.

"선생님! 우리는 자연을 파괴한 적이 없어요. 그런데 왜 우리 마을이 자꾸 더워지는 거예요? 누가 이렇게 우리 마을을 못 살게 만들까요?"

"케냐산의 빙하가 다 녹으면 우리 마을을 지켜 주는 응가이 신과 뭄비 신은 어디서 살아요?"

친구들이 술렁이자 선생님은 당황한 표정이 되었어요.

멀리서 온 도움의 손길

그때 운동장에서 종소리가 들려왔어요. 모두 모이라는 신호예요. 에눅은 친구들과 함께 운동장으로 나갔어요. 교장 선생님이 낯선 손님들과 이야기를 나누고 있었지요.

"자! 여러분, 한국에서 의사 선생님들이 오셨어요. 여러분들에게 말라리아를 어떻게 예방할 수 있는지 알려 주시고, 백신 접종도 해 주실 거예요."

"너 한국이 어디에 있는 나라인지 알아?"

"우리 마을에 병원이 없는 걸 알고 오신 걸까?"

에눅과 친구들은 모두 궁금해하면서 첫 번째 텐트 앞으로 갔어요. 의사 선생님 두 명이 에눅과 친구들을 반갑게 맞아 주었어요. 아픈 곳은 없는지 친절하게 물으며 열을 잰 후에 말라리아 백신 주사를 놓아 주었지요. 친구들은 주사 맞는 것이 무서웠지만, 교장 선생님이 격려해 주어서 차츰 마음이 안정되었어요.

그다음 텐트에서는 그림과 동영상으로 말라리아에 걸리지 않는 방법을 배웠어요. 선생님은 모기에 물리지 않도록 조심해야 하지만 모기가 생기지 않도록 하는 것이 더 중요하다는 설명도 해 주었지요. 또 작은 모기장을 설치하는 연습도 했어요. 에눅은 한국말을 알아들을 수는 없었지만, 통역해 주는 분들과 함께 열심히 설명해 주는 선생님의 모습이 믿음직스럽고 멋져 보여서 한마디도 놓치지 않으려고 집중했어요.

얼마쯤 있으니, 마을 어른들이 아직 학교에 다니지 않는 아이들을 데리고 운동장에 모이기 시작했어요. 저만치에 아루와를 안은 아빠도 세 번째 텐트로 들어갔어요. 그곳에서 의사 선생님 두 명이 진지한 표정으로 아이들을 살펴보고 주사를 놓아 주었어요. 약도 처방해 주었고요.

아루와와 함께 텐트 밖으로 나오는 아빠의 얼굴이 한결 밝아 보였어요.

"아빠! 이제 아루와 다 나은 거예요?"

"아직은 조심해야 하지만 곧 회복될 것 같구나."

에눅은 안심이 되었어요. 그렇지만 한편으로는 자와리 동생이 생각나서 마음이 무거웠지요.

'어서 우리 마을에 말라리아가 없어지면 좋겠어.'

수업을 다 마치고 집으로 돌아가려는데, 교문 앞에 한국에서 온 선생님들이 교장 선생님과 뭔가 의논을 하고 있었어요.

"에눅, 마침 잘 만났다. 이분들을 마을까지 안내해 드릴 수 있겠니? 모기가 발생하기 쉬운 곳들을 살펴보고 싶어 하시거든."

에눅은 한국에서 온 선생님들을 도울 수 있어서 기뻤어요.
'나도 언젠가 어려움에 처한 다른 사람들을 도와주고 싶어!'

에눅은 오랜만에 힘찬 발걸음으로 마을을 향해 걸었어요.

줌 인: 모기가 궁금해?

작지만 위험한 곤충

모기는 어떤 곤충일까?

　1센티미터도 안 되는 작은 모기는 1억 9000만 년 동안이나 이 지구상에서 살아왔어. 그러니까 공룡이 살았던 시대에도 모기는 "앵~" 하는 소리를 내며 동물들의 피를 빨아 먹으려고 날아다닌 거야. 오늘날에도 극지방을 제외하고는 어디서나 모기가 발견된다고 해.

　그런데 사람을 비롯한 다양한 동물의 피를 빠는 모기는 암컷뿐이야. 알이 자라는 데 꼭 필요한 동물성 단백질을 얻기 위해서지. 암컷 모기 한 마리가 빨아 먹는 피의 양은 많지 않아. 그렇지만 만약 그 모기가 이미 말라리아나 지카 바이러스 병균을 가지고 있다면 위험해져. 날카로운 주둥이로 피부를 찔러 피를 빨 때, 그 병균이 함께 들어가서 전염병을 옮길 수 있기 때문이야. 그래서 모기는 사람의 생명을 세상에서 가장 많이 앗아가는 위험한 동물이라고 해.

점점 늘어나는 모기

모기는 파리목 모깃과(Culicidae)에 속하는 곤충이야. 한 쌍의 날개와 더듬이, 그리고 몸통 양쪽에 세 개씩, 모두 여섯 개의 긴 다리를 가지고 있지. 고인 물만 있다면 어디서나 '알-애벌레-번데기' 단계를 거쳐서 성체인

모기가 되는 뛰어난 생존력을 가지고 있어.

　장구벌레라고도 불리는 애벌레 시기에는 물고기, 자라, 물방개, 미꾸라지 같은 천적에 의해 자연적으로 수가 조절되지만, 요즘 각종 개발과 공업화로 생태계가 파괴되면서 천적이 줄어들었어. 더군다나 지구 온난화와 환경 오염으로 모기의 수가 비정상적으로 크게 늘어나고 있어.

기후 위기를 찾았다!

모기와 기후 위기

케냐산에 무슨 일이?

　케냐산은 사시사철 만년설에 뒤덮인 아름답고 독특한 지역이야. 유네스코 세계자연유산으로 등재되어 있는 지구 생태계의 귀한 자원이지. 그런데 지난 50년 사이 이 산에는 큰 변화가 일어나고 있어.

　기온이 상승하면서 산 정상의 빙하가 80% 이상 사라진 거야. 케냐산 중턱에서 여름 동안 빙하가 녹아내린 물로 걱정 없이 농사를 짓던 주민들은 말라 버린 수로를 대신해 곳곳에 우물을 파야만 한대. 더군다나 예전에 없었던 말라리아를 걱정하게 되었어.

　에눅이 사는 케냐산 인근 고원 마을엔 그동안 말라리아가 아예 없었어. 밤이 춥고 공기가 희박해서 말라리아 기생충을 가진 모기가 살 수 없었거든. 그래서 사람들은 말라리아에 대한 걱정 없이 잘 지낼 수 있었대.

그런데 요즘 기후가 변하면서 이 마을의 온도와 습도가 높아져서 모기가 살기 좋은 환경이 된 거야. 말라리아 기생충에 감염된 모기에 물리면 병에 걸리는데 특히 면역력이 약한 어린아이들이 큰 고통을 겪고 있어.

기후 위기가 모기에게 미치는 영향

세계보건기구(WHO)에서는 지구 온난화 때문에 이전에는 말라리아가 없던 아프리카 고지대까지 말라리아가 전파되고 있다고 경고했지. 낮은 기온에서는 자라지 못하는 말라리아 기생충이 날씨가 더워지면 모기 속에서 활발하게 번식할 수 있기 때문이야.

사실 우리에게 모기는 좀 귀찮긴 해도 막을 수 있는 방법이 많이 있어. 또 다양한 의약품이 개발돼서 병이 악화되기 전에 치료할 수도 있지. 그런데 아프리카에서 모기는 생명을 위협하는 위험한 곤충이야. 병원에 가기 힘든 열악한 환경에 놓인 지역이 많기 때문이야. 이런 지역에서는 기후 변화 때문에 모기를 통해 전염되는 말라리아, 뎅기열과 같은 질병으로 고생을 하는 사람들이 늘어나고 있어.

말라리아를 옮기는 모기는?

    지구상에는 3500여 종이나 되는 모기가 있는데, 모두 말라리아를 옮기는 것은 아니야. 대표적인 말라리아모기는 얼룩날개모기라는 종인데, 날개에 흰 반점과 검은 반점이 섞여 있고, 주둥이가 다른 종에 비해 굵어. 그리고 벽면에 붙어 있을 때나 피를 빨 때 꽁지를 위로 힘껏 들어 올려 약 45도의 각도를 이룬다고 해. 그리고 일반 모기는 윙윙 소리를 내며 날아다니지만 얼룩날개모기는 소리를 내지 않는다고 하니 왠지 더 무서운 것 같지? 이른 봄부터 늦가을까지 왕성하게 활동한다고 하니 조심해야 해.

 지식플러스+

우리나라는 말라리아에 안전할까?

우리나라는 1979년 말라리아 완전 퇴치를 선언한 적이 있어요. 그런데 1993년 그 모습을 다시 드러낸 뒤로 매년 300~400명의 환자가 휴전선을 따라 인천시, 경기 북부, 강원도 지역에서 주로 발생하고 있어요. 최근 2년 이내에 이들 말라리아 위험 지역에 거주했거나, 방문한 적이 있거나, 군 생활을 한 사람 중에 말라리아 의심 증상이 있는 사람은 가까운 보건소나 의료 기관에서 검사받아야 해요. 말라리아는 신속 진단 검사(RDT)로 15분 만에 감염 여부를 확인할 수 있어요. 혹시 말라리아로 확진되어도 치료를 잘 받으면 괜찮으니 걱정하지 않아도 돼요. 효과 좋은 말라리아 치료제가 많이 개발되어 있기 때문이죠. 그래도 완전히 치료되기 전까지 고통스러운 치료 과정이 있으니, 모기에 물리지 않도록 주의하는 것이 제일 좋아요.

그래서 지금은?

말라리아를 극복하는 지혜로운 방법

국제적 연대가 필요해

기온이 오를수록 모기들은 더 빨리 성장하고, 더 오래 살 수 있어. 그래서 2030년에는 전 세계 36억 명에 달하는 인구가 모기가 옮기는 말라리아로 고생할 수 있다고 해. 지구 온난화의 위기 속에 모기라는 작은 곤충이 전 세계를 위협하게 된 거지.

그런데 지구 온난화의 주범인 탄소 배출량이 다른 지역보다 적은 아프리카에서 오히려 탄소 배출 비중이 훨씬 높은 나라들보다 말라리아와 같은 질병으로 심각한 피해를 보고 있어. 그래서 우리나라를 비롯한 여러 나라의 비영리단체들이 아프리카의 말라리아 퇴치 사업에 힘을 보태고 있지.

학교와 지역 사회에서 말라리아의 원인부터 증상, 치료법, 예방법까지 구체적으로 교육하고 있어. 또 모기장을 지원해 주고 백신을 공급하는 등 피해를 최소화하기 위해 노력하고 있어. 한 지역의 어려움은 언제든지 세계적인 문제가 될 수 있기 때문에 국제적인 연대가 꼭 필요해.

치료보다 예방이 중요해!

모기를 잡고 말라리아 병을 고치는 것도 중요하지만 모기의 특성을 이해해서 병에 걸리지 않도록 미리 예방하는 것이 중요해. 다음과 같은 예방 수칙을 잘 지켜서 모기에 물리지 않도록 주의하자.

1. 모기가 주로 활동하는 야간에는 외출 줄이기

2. 외출할 때는 모기가 잘 인식하지 못하는 밝은색 옷과 긴 바지, 긴 소매 옷을 입어 피부 노출 줄이기

3. 모기기피제와 모기장 사용하기

4. 말라리아 발생 위험 국가로 여행 가는 경우 사전에 적절한 예방약 복용하기

5. 국내 및 국외 말라리아 다발 지역 방문 후 말라리아 의심 증상(발열, 오한, 두통 등)이 나타나면 가까운 의료 기관이나 보건소에서 진료받기

 지식플러스+

4월 25일, 세계 말라리아의 날

전 세계의 기상 이변과 기온 상승으로 말라리아 환자가 급증하고 있어요. 국제 사회는 말라리아의 위험성을 알리고 예방과 퇴치를 위해 함께 노력하고자 매년 4월 25일을 '세계 말라리아의 날'로 지정했어요. 2022년 12월 발표된 세계 말라리아 보고서에 따르면, 2021년 한 해에만 전 세계에서 62만 명이 말라리아로 사망했어요. 특히 말라리아 환자의 95%가 아프리카 지역에 거주하고 있으며, 대부분 5세 미만의 어린아이이라니 정말 안타까운 일이에요. 말라리아의 예방과 퇴치를 위해 전 세계가 함께 노력해야 할 이유예요.

교과서 속 기후 위기 키워드

#말라리아 말라리아 균에 감염된 모기에 물려 발생하는 전염병으로, 고열과 두통 등의 증상이 나타나요.

#만년설 녹지 않고 쌓여 있는 눈이나 얼음으로, 주로 고산지대의 높은 곳에 형성되어 있어요.

#백신 특정 질병에 대한 면역력을 키우기 위해 사람의 몸에 투여하는 약화된 형태의 병원균을 말해요.

제 2 장

캐나다 가로수에 나타난 호리비단벌레

가로수가 다 죽어 가요!

처음 보는 곤충

"학교 다녀왔습니다!"

크리스는 집에 들어오자마자 가방도 내려놓지 않은 채 차고로 들어가 버렸어요. 뭐가 그리 급한지 반려견 웰치가 반기는데도 머리 한번 쓰다듬어 주지 않았지요. 부엌에 있다가 크리스 목소리를 듣고 맞으러 나온 엄마도 어리둥절해졌어요.

"어머, 얘가 어디로 간 거야?"

웰치가 서운한 듯 크리스가 사라진 쪽을 바라보며 컹컹 짖었어요. 엄마가 차고 문을 살짝 열어 보니, 크리스가 마치 기도라도 하는 것처럼 작업 테이블 앞에서 고개를 푹 숙이고 있었어요.

창고로도 쓰이는 차고의 벽에는 토론토 대학교수였던 할아버지에게 물려받은 곤충 표본들이 가득 걸려 있어요. 할아버지처럼 곤충학자가 꿈인 크리스에게는 소중한 보물 상자들이지요.

"엄마, 이것 좀 보세요, 너무 예뻐요. 풍뎅이 종류인 것 같은데, 이런 건 처음 봐요!"

엄마가 다가가자 크리스가 작은 목소리로 소곤거렸어요. 크리스는 학교 앞 가로수 길에서 발견한 에메랄드빛 곤충을 조심스럽게 살피고 있어요. 할아버지에게 배운 대로 곤충 표본을 만들려고 서두른 거예요. 이미 죽긴 했지만 색과 형태가 아직 그대로라서 얼른 표본으로 만들어 보관하고 싶었어요.

"출출하지 않아? 간식이라도 먹고 하지."

"엄마, 고마워요. 그런데 표본 다 만들고 먹을게요."

엄마가 나가자 크리스는 곤충을 조심스럽게 약품 용액에 담갔어요. 잠시 뒤 한결 부드러워진 곤충의 날개와 더듬이 그리고 몸통을 원하는 자세로 맞추고 핀으로 고정했지요. 이대로 며칠 건조해야 해요. 이제 표본 상자에 이름을 적어야 하는데 처음 보는 곤충이라 아무래도 아빠가 퇴근하면 여쭈어봐야 할 것 같았어요.

예쁘지만 위험한 호리비단벌레

저녁 식사를 마친 후 크리스가 만든 표본을 살펴본 아빠의 표정이 어두워졌어요.

"호리비단벌레라는 거야. 그런데 이걸 학교 앞에서 발견했다고? 큰일이네!"

"왜요? 해충인가요?"

의외의 반응에 당황한 크리스가 물었어요. 시청 수목관리과에서 근무하는 아빠는 요즘 갑자기 늘어난 이 벌레들 때문에 가로수들이 죽어가고 있다고 걱정했어요.

"너희 학교 근처에서도 이 녀석들을 발견하다니! 시청에서 방역을 열심히 하는데도 걷잡을 수 없을 만큼 빨리 번지는구나."

아빠는 토론토의 가로수들이 대부분 물푸레나무인데, 하필 호리비단벌레들은 이 나무들을 집중 공격한다고 했어요. 호리비단벌레는 주로 물푸레나무의 껍질을 갉아 먹고 살다가 겨울에는 그 몸통 안에 들어가 추위를 피하면서 알을 잔뜩 낳는대요. 그런데 요즘은 겨울에도 날씨가 별로 춥지 않아서 대부분의 알들이 죽지 않고 살아남아 유충인 애벌레가 된다는 것이죠.

"이렇게 급격하게 번식한 호리비단벌레에게 습격을 받은 나무는 짧으면 2년 안에 죽을 수도 있단다."

아빠의 설명에 크리스는 깜짝 놀랐어요.

"이렇게 예쁜 곤충이 무서운 해충일 줄이야!"

"사실 처음부터 해충은 아니었어. 고대 한국에서는 이 호리비단벌레의 아름다운 날개를 이용해서 가구 장식도 했다는구나. 그만큼 귀한 곤충이었다는 뜻이지."

"그런데 왜 캐나다에서는 가로수들을 죽이는 해충이 된 거예요?"

"갑자기 개체 수가 너무 많아졌기 때문이야. 이곳 캐나다에서는 20여 년 전쯤 처음 발견됐는데 아마도 아시아에서 수입된 목재나 가구 속에 호리비단벌레의 유충들이 들어 있었던 것 같아. 처음엔 주로 남부 지역에서 발견됐어. 그런데 요즘 기후 온난화 탓으로 서식지가 급격히 늘어난 거지. 그리고 얼마 전부터 토론토 전 지역의 물푸레나무 가로수들을 공격하기 시작했단다."

"그래서 우리 학교 앞 가로수에도 나타난 거군요. 신기한 곤충 표본을 얻었다고 좋아할 일이 아니었어요."

"지구 온난화가 계속되면 캐나다는 물론 미국에 있는 대부분의 물푸레나무가 호리비단벌레 때문에 죽게 될 것 같구나!"

아빠는 살짝 한숨을 내쉬었어요.

가로수와 호리비단벌레 모두 소중해!

토요일 아침, 크리스는 오랜만에 할아버지 댁에 가고 있어요.

"와! 지평선에 녹색 카펫이 깔린 것 같아요!"

아빠가 운전하는 차창 밖으로 아름드리나무들이 늘어선 가로수 길과 잘 정리된 공원의 푸른 잔디밭을 보면서 크리스는 탄성을 질렀어요.

"그렇지? 토론토는 산이 없지만 도시 안에 자연을 잘 관리해서 정말 보기 좋구나!"

오랜만에 나들이를 나온 엄마도 즐거워했어요. 그때 문득 크리스는 가로수들을 갉아 먹는 해충들이 생각났어요.

"아빠! 이 아름다운 풍경이 벌레들 때문에 다 사라질 수도 있나요?"

"지구 온난화가 지속되면 그렇게 될 것 같아 걱정이구나. 그렇다고 무작정 방역을 하면 생태계 전체가 망가질 수도 있으니 조심해야 해."

아빠와 대화를 하는 사이 어느새 할아버지 댁에 도착했어요.

반가워하는 할아버지 할머니에게 인사를 하자마자 크리스는 얼마 전 만든 표본을 보여 주며 질문을 쏟아 냈답니다.

"할아버지, 제가 만든 호리비단벌레 표본이에요. 이렇게 예쁜 녀석이 가로수들을 죽게 만드는 해충이라니 정말 놀랍지요?"

"호호! 그 할아버지에 그 손자야! 만나기만 하면 곤충 이야기네!"

할머니는 두 사람을 놀리더니 엄마 아빠와 함께 점심 준비를 시작했어요. 그리고 거실에 크리스와 마주 앉은 할아버지의 곤충학 강의가 시작되었지요.

"원래 호리비단벌레가 처음 발견되었을 때만 해도 캐나다의 추운 겨울 날씨 때문에 이렇게 빨리 전 지역으로 퍼질 것을 예상하지 못했단다. 요즘 기후 위기는 곤충에게도 큰 위기가 되고 있구나."

"할아버지! 호리비단벌레 입장에서 보면 개체 수가 점점 많아지는데 왜 위기라고 하시는 거예요?"

"지금 당장은 번식에 성공하는 것 같지만, 너무 많아져서 나무들이 다 죽으면 결국 호리비단벌레도 더 이상 살 수 없게 되지 않겠니?"

"선생님께서는 나무들이 없어지면서 산불도 더 쉽게 난다고 하셨어요. 요즘 캐나다에 산불이 많이 나잖아요? 나무뿐 아니라 곤충이나 다른 동물들도 모두 살기 어렵게 되었어요."

할아버지는 기후 위기 때문에 곤충들이 더 이상 생존할 수 없게 되면 사람들도 살기 어려운 환경이 된다고 걱정했어요.

그때 마침 아빠가 점심을 먹자고 불렀어요.

"이번 학기 과학경진대회에서 발표할 주제를 정했어요!"

크리스는 식탁에 앉자마자 심각한 표정으로 가족들에게 선언했어요. 모두 호기심 어린 눈으로 바라보자, 크리스가 긴장한 듯 심호흡을 한 후에 이야기를 계속했어요.

"호리비단벌레가 적당한 개체 수를 유지하면서 물푸레나무들도 지킬 수 있는 방법을 찾아보려고요. 둘 다 소중한 생명체니까요."

크리스를 바라보는 할아버지의 얼굴에 미소가 번졌답니다.

증 인: 호리비단벌레가 궁금해?

호리비단벌레가 해충이 된 이유

호리비단벌레는 어떤 곤충일까?

호리비단벌레는 딱정벌레목 비단벌레과에 속하는 곤충이야. 러시아, 중국, 몽고, 일본, 대만 그리고 한국을 포함한 동아시아 지역에 사는 토착 벌레지. 벌레라고 하니까 생김새가 징그럽고 해로운 곤충이라고 생각할 수 있어.

그렇지만 실제로 이 곤충을 보면 "예쁘다!"라는 탄성이 저절로 나올 거야. 몸체가 반짝이는 에메랄드빛 갑옷을 입은 것처럼 멋진 모습이거든. 특유의 빛깔 때문에 옛날부터 옥충(玉蟲)이라고 불리며 귀한 대우를 받았어. 옥은 아주 아름다운 보석이야.

신라 시대에는 호리비단벌레의 화려한 날개를 사용해서 말 안장이나 의복을 장식하기도 했다니 참 오랜 역사를 자랑하는 곤충이지?

호리비단벌레는 정말 해충일까?

호리비단벌레는 애벌레 시기에는 나무 속 영양분을 파먹고, 성체가 되면 나무껍질을 갉아 먹기 때문에 해충으로 여겨지기도 해. 그러나 한국에서는 깊은 산속의 오래된 절 주변에서만 드물게 관측되고 있어서 삼림에 큰 피해는 없었어. 직접 찾아 나서도 관찰하기 어려울 만큼 개체 수가 많지 않다고 해.

그리고 호리비단벌레가 사는 지역의 나무들은 오래전부터 자연적인 저항력을 키워 왔고 천적들에 의해서 개체 수가 억제되고 있었기 때문에 큰 피해가 없었던 거야.

그런데 태평양을 건너 북미 대륙에서는 물푸레나무 생태계에 큰 문제를 일으키고 있어. 왜 똑같은 곤충이 어떤 지역에서는 자연환경에 별다른 문제를 일으키지 않는데 다른 지역에서는 박멸해야 할 위험한 해충이 되는 걸까?

기후 위기를 찾았다!

호리비단벌레와 기후 위기

캐나다에 무슨 일이?

캐나다는 보통 여름에도 에어컨이 필요하지 않을 정도로 시원한 곳이 많아. 북쪽은 겨울이면 영하 25℃까지 내려가는 추운 날씨가 이어지는 날도 있다고 해. 그런데 요즘 캐나다 곳곳에서 이상 고온 현상이 발생해서 사람들이 고통스러워하는 건 물론 자연환경이 극심한 위기에 처해 있어. 2023년 여름에는 183년 만에 최고 기온을 기록하기도 했대.

최근 빈번하게 발생하고 있는 산불은 이런 기후 변화가 얼마나 위험한지를 보여 주는 사례야. 기온이 올라갈수록 가뭄이 심해지고 해충의 활동 지역도 대폭 늘어나게 돼. 그러면 나무들이 죽게 되고 주변이 바짝 말라서 화재가 더 빠르고 넓게 퍼지거든. 작은 불씨가 큰 산불이 되고 마는 거야. 게다가 워낙 광대한 지역이기 때문에 사람의 힘으로 산불을 제어하기가 어렵다고 해. 기후 위기 때문에 캐나다의 아름다운 자연환경이 파괴될 위험에 처해 있어.

위험해지는 호리비단벌레

원래 동아시아 지역에서 호리비단벌레는 물푸레나무를 갉아 먹어 성가시다는 것 말고 다른 문제는 없었어. 그런데 바다 건너 북미 대륙에서 박멸 대상 해충으로 전락하게 되었지. 북미에 이 벌레가 발견된 건 2000년대 초반인데, 발견된 뒤 얼마 지나지 않아 1억 그루가 넘는 물푸레나무를 죽였다고 해.

국제자연보전연맹의 보고에 의하면 불과 20년 만에 북미 대륙 다섯 종의 물푸레나무들이 심각한 멸종 위기에 처하게 됐어. 대부분의 물푸레나무는 외래종인 호리비단벌레에 대한 자연적인 저항력이 없고, 이 벌레를 사냥하는 천적도 그 지역에 없었기 때문이야.

단지 캐나다의 추운 겨울 날씨가 이 곤충의 이동을 막았는데, 기후 위기로 기온이 상승하면서 대대적인 방역에도 불구하고 캐나다의 이웃나라인 미국으로도 급속히 퍼지고 있어. 그래서 호리비단벌레는 낯선 땅 캐나다에서 점점 더 위험한 곤충으로 인식되고 있어.

가로수 킬러

- **미국흰불나방**: 수백, 수천 마리가 군집 생활을 하는 이 벌레는 아름드리 플라타너스 나뭇잎을 순식간에 먹어 치우기 때문에 한 달도 안 돼서 큰 나무가 고사할 수 있대요.
- **가지나방**: 한참 푸르러야 할 회화나무에서 가지나방의 애벌레가 나뭇잎을 갉아 먹으면 그 나무는 앙상한 가지만 남아요. 가로수 이파리를 모두 먹어 치운 수백 마리의 애벌레들은 몸에서 실을 뽑아 나뭇가지에 매달렸다가 땅으로 비오듯 떨어지기도 해요.
- **버즘나무방패벌레**: 비듬처럼 생긴 작고 하얀 벌레인데, 요즘 급격히 늘어나면서 나뭇잎을 누렇게 만들어요. 게다가 주변 도로에도 벌레들이 마구 떨어지면서 인근 상가 주민이나 보행자들도 큰 불편을 겪고 있어요.
- **검정주머니나방**: 이 벌레는 병충해에 특히 강하다는 은행나무까지 공격해요. 식욕이 왕성해서 애벌레 단계에서도 나뭇잎뿐만 아니라 줄기까지 갉아 먹는대요.

그 외에도 하루깍지벌레, 사시나무잎벌레, 알락하늘소 등 생각보다 많은 가로수 킬러들이 우리 가까이에 있어요. 킬러들의 공격을 받은 가로수들은 잎이 말라 가요. 당장 죽는 건 아니지만, 전체적으로 허약해져서 겨울을 나기 힘들어요. 그러니 해충 발생 초기 단계에서 조심스럽게 관찰하고 방제 작업을 해야 해요.

그래서 지금은?

가로수를 지키기 위한 노력

소중한 가로수

공원과 길가에 심은 가로수는 도시를 아름답게 만들 뿐 아니라 시원한 그늘과 편하게 쉴 수 있는 장소를 제공하고 있어. 또 자동차 소음이나 대기 오염 물질을 감소시켜서 쾌적한 환경을 만들어 주지. 야생동물에게는 서식지를 제공해서 그 지역의 생물 다양성이 증가하고 그 지역에 사는 사람들의 몸과 마음도 건강하게 만들어 주고 있어. 그래서 가로수를 도시의 녹색 혈관이라고 불러.

가로수를 열 그루 더 심으면 국민들의 연간 소득이 천만 원 이상 늘어나는 것과 같은 효과가 있다고 해. 그만큼 삶의 질이 높아진다는 의미겠지. 그런데 지구 온난화 때문에 다양한 해충들이 확산되면서 소중한 나무들이 큰 피해를 입고 있어. 캐나다의 물푸레나무 가로수처럼 조만간 멸종되는 나무들이 많아질 거야. 나무들이 사라지면 우리의 환경 생태계에 혹독한 결과들이 초래될 수 있으니 소중한 가로수들을 지켜야 해.

온라인 뉴욕 나무 지도(New York City Tree Map)

뉴욕에서는 온라인 나무 지도를 만들어 시민들이 자발적으로 참여해서 도시 숲을 가꾸는 활동을 하고 있어요. 뉴욕 나무 지도에는 총 69만 4000여 그루나 되는 뉴욕 거리의 나무들이 표시되어 있다고 해요. 시민들은 온라인으로 지도를 보면서 도시 숲을 탐험할 수 있어요. 마음에 드는 나무가 있으면 즐겨찾기 표시를 해서 그에 대한 정보를 친구들과 공유하고, 그 나무가 어떻게 관리되는지 살필 수 있어요. 또 즐겨찾기한 나무의 지킴이가 되어 직접 찾아가서 돌볼 수도 있답니다. 우리나라도 서울 마포구와 시민 단체들이 참여해서 가로수 지도 만들기 캠페인을 시작했어요. 기후 위기 시대에 가로수와 주변 생태계를 스스로 보호하기 위한 활동이 더욱 확대되면 좋겠어요.

가로수를 살려 줘!

전 세계적으로 교류가 활발하게 이루어지면서 캐나다에는 다양한 외래 동식물종이 유입되고 있어. 게다가 기후 변화에 따른 병충해까지 가세하며 나무와 산림의 피해가 이어지고 있어.

호리비단벌레도 그 대표적인 사례야. 호리비단벌레는 주로 물푸레나무에서 서식하는데 이 나무는 눈이 많이 오고 추운 미국 일부 지역과 캐나다에 많아. 혹한을 잘 견디고 제설용 소금에도 강하기 때문에 오랫동안 그 지역 사람들에게 친숙한 가로수로 자리 잡아 온 거야.

    그런데 이렇게 한 가지 종류의 나무만 심고 가꾸는 것은 위험해. 호리비단벌레 같은 침입성 해충으로부터 공격을 받은 나무가 숙주가 돼서 주변 나무들로 해충들을 쉽게 퍼뜨리기 때문이야. 그래서 몇몇 친숙한 종류의 나무들만 심기보단 여러 종의 다양한 나무를 심는 것이 현명한 방법이야.

교과서 속 기후 위기 키워드

 # 곤충 표본 곤충을 건조하거나 약품 처리를 해서 보존하고, 핀으로 고정한 뒤 정보를 적은 라벨을 붙여서 전시하는 작업이에요.

 # 수목관리과 한 지역의 나무와 식물의 생장 관찰, 병해충 방제, 조경 디자인, 도시 녹지 조성, 산림 자원 관리, 그리고 환경 보호 활동 등을 하는 정부 부서예요.

 # 방역 병원균이나 해충으로부터 사람, 동물, 농작물 등을 보호하기 위해 실시하는 예방 및 관리 활동이에요.

제 3 장

파키스탄 농촌을 공격한 메뚜기 떼

메뚜기 떼로부터 식량을 지켜야 해!

무서운 메뚜기

"아빠, 올해는 농사가 잘된 것 같아요!"

유세프가 푸르게 자라고 있는 밀밭을 바라보며 감탄했어요. 열심히 잡초를 뽑고 있던 아빠도 잠시 허리를 펴며 미소를 지었어요.

유세프의 마을은 파키스탄의 '빵 바구니'라고 불리는 펀자브에 자리 잡고 있어요. 강이 많고 땅도 비옥한 지역이라 예로부터 농사를 지으며 풍요롭게 살아왔지요. 특히 주식인 밀 농사와 품질 좋은 목화 생산으로 유명해요.

그런데 지난 몇 년은 극심한 가뭄에 시달렸어요. 원래 비가 많이 오지 않는 지역이지만 주변에 강이 많아서 농사에 필요한 물을 잘 공급받았는데, 그 강물까지 다 말라 버렸거든요. 그래서 다른 지역으로 가서 일을 하거나 장사를 하려는 사람들도 있었어요.

다행히 올해는 비도 제법 많이 오고 날씨도 너무 덥지 않아서, 오랜만에 밀이 잘 자라고 있어요. 마을 사람은 모두 희망에 부풀었지요.

아빠와 동네 어른들이 농사를 짓는 동안 유세프와 친구들은 밭을 돌아다니며 술래잡기를 했어요. 그러다가 뭔가 팔딱팔딱 뛰어다니는 것을 발견했어요. 호기심이 생긴 유세프는 친구들과 함께 밀밭을 돌아다니며 그 곤충을 몇 마리 잡아서 아빠에게 달려갔어요.

"아빠, 이것 좀 보세요. 이게 뭐예요?"

유세프가 잡아 온 곤충을 보자, 아빠의 얼굴이 어두워졌어요. 마호멧의 아빠도 깜짝 놀라 아이들에게 다가오며 말했어요.

"이런! 메뚜기구나. 어디서 잡았니?"

"큰일났네! 여기까지 몰려오는 건가?"

"이제 겨우 살 만해졌는데, 이놈들이 몰려오면 정말 큰일인걸!"

아빠와 동네 아저씨들은 밀밭 저편의 하늘을 바라보며 한숨을 쉬었어요. 유세프는 왜 어른들이 작은 메뚜기 몇 마리를 무서워하는지 의아했어요.

다음 날이었어요.

밀밭 쪽에서 "찌르륵, 찌르륵." 이상한 소리가 들려왔어요. 난생처음 듣는 소리에 유세프가 밖으로 뛰어나갔어요. 이른 아침부터 어디선가

강한 바람이 불어오고 있었어요. 그리고 멀리 밀밭 쪽 하늘에 커다란 검은 구름이 떠 있는데, 이상하게도 그 구름은 빠르게 움직이면서 점점 커졌어요. 이 검은 구름은 놀랍게도 거대한 메뚜기 떼였어요. 수만 마리의 메뚜기들이 몰려와 태양까지 가려져서 온 세상이 까맣게 어두워졌어요.

아빠와 동네 아저씨들은 저마다 빗자루를 들고 밭쪽으로 뛰어갔어요. 엄마도 얼른 숯에 불을 피워 들고 따라갔어요.

"유세프, 우리도 가자! 빨리 메뚜기 떼를 쫓아내야 해!"

옆집에 사는 마호멧이 긴 막대를 건네주며 서둘러 밖으로 나갔어요.

유세프는 친구와 함께 밀밭으로 달려갔어요. 그곳에는 이미 동네 사람들이 모두 나와 메뚜기 떼를 쫓고 있었어요. 북도 치고, 연기를 피우며, 빗자루로 메뚜기를 쫓으려고 애를 썼어요.

유세프도 작은 손으로 막대기를 힘껏 휘둘렀어요. 그렇지만 하늘을 뒤덮은 검은 구름은 점점 더 커지고, 애써 키워 온 밀들은 점점 사라져 갔어요.

메뚜기들이 출몰한 이유

　유세프와 친구들은 학교에 갈 수 없었어요. 어른들을 도와서 메뚜기들을 쫓아야 했거든요. 모두 게걸스럽게 농작물을 먹어 치우는 해충을 쫓아내려고 노력했어요. 매일 낡은 철판이나 북을 두드리거나 오토바이 경적을 울리고, 연기까지 피웠지만 메뚜기 떼들은 수천 마리씩 계속 몰려들었어요.

　소식을 들은 이웃 마을에서도 도움을 주기 위해 찾아왔어요. 군인들이 와서 드론으로 살충제까지 뿌렸지만 역부족이었지요.

아무리 내쫓으려 해도 꿈쩍도 하지 않던 메뚜기가 사흘 뒤 어디선가 불어온 바람을 타고 날아가 버렸어요. 메뚜기 떼가 사라진 밀밭에는 남은 것이 거의 없었지요. 그 모습에 어른들은 땅에 주저앉아 버렸고 유세프 엄마는 조용히 눈물만 흘렸어요.

"유세프, 내일은 학교에 가라!"

저녁 내내 조용히 생각에 잠겨 있던 아빠가 말했어요.

"공부를 해라. 앞으로 우리 마을을 지킬 방법을 찾아야 한다."

유세프는 아빠의 말을 꼭 지키고 싶었어요. 그렇지만 어떻게 해야 할까요?

"선생님! 메뚜기 떼는 왜 갑자기 나타난 거예요?"

다음 날 오랜만에 학교에 간 유세프가 물었어요. 친구들도 모두 궁금해했지요.

선생님은 칠판 옆에 걸린 세계 지도에서 한 지역을 손으로 짚으며 설명했어요.

"여기 아프리카 동부 지역에서 발생한 메뚜기 떼들이 중동을 거쳐서 이곳 파키스탄까지 몰려왔단다."

"아니, 그렇게 멀리서 날아온 거예요?"

친구들이 모두 놀라자, 선생님이 계속해서 설명했어요.

"요즘 기후 온난화 현상으로 인도양의 해수면 온도가 높아졌단다. 그러다 보니 사이클론이 자주 발생해서 건조한 사막 지역에도 비가 많이 내렸어. 그곳에 메뚜기가 먹을 수 있는 식물들이 자라게 된 거야. 그리

고 수분이 충분한 땅에서 알들이 부화하면서 70년 만에 가장 많은 메뚜기 떼가 발생했다고 해. 이 메뚜기들이 계속 번식하면서 개체 수가 급격하게 많아지자 새로운 먹거리를 찾아 바람을 타고 이동하고 있는 거야."

"아, 결국 날씨가 더워져서 이런 일이 벌어진 거네요."

마호멧이 볼멘소리로 말했어요.

"그렇단다. 기후 위기가 메뚜기 떼 재앙을 가져왔다고 할 수 있어. 앞으로 이런 일이 더 자주 발생할 것 같아 걱정이구나!"

"그럼 메뚜기 떼가 다시 올 수도 있어요?"

유세프는 덜컥 겁이 났어요.

선생님도 걱정스러운 듯 고개를 끄덕였지요.

누구의 책임일까?

"메뚜기 떼를 막을 길이 없을까?"

유세프는 어떻게든 부모님을 돕고 싶었어요. 친구들과 열심히 의논했지만 뾰족한 방법을 찾을 수 없었지요.

"우리나라는 기후 위기에 책임이 거의 없는데, 왜 이런 피해를 당해야 하지?"

마호멧이 막 화를 냈어요. 지난겨울에는 폭설과 눈사태로 피해가 극심했는데, 이제 메뚜기 떼 공격까지 받아서 큰 어려움을 겪는 게 모두 지구 온난화 때문이라고 배웠거든요.

선생님은 지구의 온도를 높이는 탄소 발생을 막아야 한다고 했지만, 유세프 동네에서는 석유나 석탄도 많이 사용하지 않고, 플라스틱이나 비닐도 잘 사용하지 않아요. 그저 자연환경을 이용해서 평화롭게 농사를 짓는 마을이 메뚜기 때문에 쑥대밭이 돼 버린 거예요. 누구의 책임일까요?

집으로 돌아오는 길, 유세프와 친구들은 무작정 메뚜기 떼가 다시 나타나지 않길 바라지만 말고 지구의 온도를 지킬 수 있는 일을 무엇이라도 해 보자고 다짐했어요.

놀라운 위장 전술을 펼치는 곤충

메뚜기는 어떤 곤충일까?

메뚜기는 메뚜깃과에 속하는 방아깨비, 딱다기, 풀무치 등 여러 곤충을 뜻하는 말인데, 보통 우리가 메뚜기라고 할 때는 논에서 쉽게 볼 수 있는 벼메뚜기를 말해.

산(山, 뫼 산)에서 뛰어다녀서(뛰기) 메뚜기라는 이름을 얻었다고 해. 영어로는 'grasshopper'라고 하는데 역시 풀에서 팔딱팔딱 뛰는 곤충이라는 의미야. 메뚜기는 최대 2m까지 뛰어오를 수 있어. 사람으로 치면 100m 이상을 점프하는 수준이라니 놀라운 능력이지? 그래서인지 뒷다리가 뛰어다니기 좋게 발달해 있고, 입은 풀을 씹어 먹기에 알맞게 생겼어.

메뚜기는 굉장히 독특한 습성을 가졌어. 혼자 있을 때는 먹는 양도 적고 색도 우리가 알고 있는 녹색이야. 그런데 일정한 무리를 이루게 되면 색도 거무스름하게 바뀌고, 식욕도 왕성해진다고 해. 이렇게 무리를 짓게 된 메뚜기 떼는 종류를 가리지 않고 모든 농작물을 닥치는 대로 먹어 치워.

    메뚜기 떼는 한 번 대규모로 퍼지면 쉽게 사라지지 않고 수년 동안 몰려다닌대. 특히 파키스탄에 몰려온 사막 메뚜기들의 경우엔 바람을 타고 하루에 무려 150km를 날아가며 바다도 건넜던 거야.

역사 속 메뚜기

메뚜기는 아주 옛날부터 사람들 주변에서 살아왔어. 기원전부터 작성된 『성경』이나 중국에서 2~3세기에 쓴 『삼국지』에도 메뚜기와 관련된 기록을 찾아볼 수 있거든. 구약 성경에는 하나님이 메뚜기 떼를 보내서 사람들을 심판했다는 기록이 나와. 당시 사람들은 메뚜기 날개에 있는 독특한 문양이 '신의 형벌'을 의미한다고 생각했어. 그리고 신약 성경에 나오는 세례 요한은 메뚜기를 먹고 살았다고 해.

중국의 『삼국지』, 우리나라의 『삼국사기』에도 대규모 메뚜기 떼로 인한 피해가 기록되어 있지. 농사를 짓는 지역에서는 어디나 메뚜기 때문에 발생한 재앙이 기록을 통해 전해지고 있어. 농사짓는 법이 발달하고 다양한 농약을 사용하면서 예전 같은 피해는 적어졌는데, 요즘 기후 위기로 인해 세계 각국에서 다시 '메뚜기 떼 주의보'가 울리고 있어.

기후 위기를 찾았다!

메뚜기와 기후 위기

파키스탄에 무슨 일이?

'순수함이 넘치는 땅'이란 뜻을 가진 파키스탄은 인도 서편에 자리 잡은 나라야. 국토가 매우 넓어서 한 나라 안에 열대부터 온대까지 기후대가 매우 다양해. 그래서 농사를 많이 짓고 있지. 주로 밀, 목화, 사탕수수, 쌀 같은 농작물을 생산하고 다른 나라에 수출도 많이 하고 있어.

전 세계가 코로나19로 고통받던 2020년도에 파키스탄은 더 어려운 재난에 직면해야 했어. 아프리카 동부 지역에서 창궐하기 시작한 메뚜기 떼가 중동을 거쳐 파키스탄에 상륙해서 농경지에 막대한 피해를 주었기 때문이야.

메뚜기 떼 습격은 2019년 여름부터 시작되었는데, 다음 해에 더욱 본

격화되어서 파키스탄의 농작물에 심각한 피해를 입혔지. 그래서 파키스탄 정부에서는 코로나19를 막기 위해 써야 하는 예산까지 메뚜기 떼로 인한 피해 복구에 사용할 수밖에 없었다고 해.

기후 위기가 메뚜기에 미치는 영향

파키스탄에 나타난 거대한 메뚜기 떼는 사막 메뚜기라는 종류야. 이 사막 메뚜기가 낳은 알들이 부화하기 위해서는 수분을 많이 머금은 토양이 필요해.

그런데 기후 온난화 때문에 인도양의 수온이 높아지자 열대성 저기압인 '사이클론'이 자주 발생하게 되었어. 사이클론은 수분을 가득 담은 거대한 구름 덩어리라서 주변 아라비아반도에 많은 비를 뿌렸어. 이 폭우는 건조한 사막 지역을 고온다습한 환경으로 바꾸어서 식물들도 자랄 수 있게 만들었어.

그래서 다량의 사막 메뚜기 알이 부화하고 자라나기에 최적의 장소가 된 거야. 더군다나 사이클론은 강력한 바람도 일으켜서 사막 메뚜기 떼를 아프리카와 파키스탄이 있는 남아시아 먼 지역으로 날려 보내는 선풍기 역할을 했어. 그래서 점점 더 대규모의 메뚜기 떼가 출몰하게 된 거지.

메뚜기 떼가 입힌 피해

메뚜기 떼는 세상에서 가장 위험한 이동성 해충이야. 유엔식량농업기구(FAO)의 조사에 따르면 1km 규모의 사막 메뚜기 떼는 약 1억 5000마리가 바글거리면서 작물과 잡초를 가리지 않고 초토화시키는데, 하루에 대략 3만 5000명이 먹을 식량을 한꺼번에 먹어 치운다고 해.

그래서 메뚜기 떼가 지나가는 곳마다 기근으로 큰 어려움을 겪게 돼. 더군다나 사막 메뚜기 떼는 한 번 발생하면 수년간 사라지지 않기 때문에 아프리카 중동, 그리고 아시아 지역에 심각한 위협이 되고 있어.

 지식플러스+

메뚜기 100종류 챌린지

지구상에 존재하는 메뚜기 종류가 얼마나 될까요? 온라인상에 재미있는 챌린지가 있어요. 메뚜기 100종류를 중복 없이 한 자도 틀리지 않고 말하는 게임이라고 해요. 우아! 메뚜기가 100종류나 된다고? 깜짝 놀라는 친구들도 많을 거예요. 그런데 사실 그보다 더 많은 종류가 있다고 하네요. 여러분은 몇 종류나 알고 있나요?

그래서 지금은?

메뚜기 떼의 습격을 극복하는 현명한 첫걸음

> **메뚜기 떼 피해를 줄이기 위해**

　최근 세계 여러 지역에서 메뚜기 떼가 출몰하고 있어. 가뭄과 폭우 같은 기후 변화 현상이 메뚜기가 번식하고 성장하기 좋은 환경을 조성했기 때문이야.

　일단 메뚜기 떼로 인한 피해가 발생하면 더 이상 확산되지 않도록 방지하고 피해를 당한 사람들이 굶주리지 않도록 돕는 것이 중요하겠지. 예를 들어 메뚜기 떼가 발생한 지역에 살충제를 살포하면 당장은 효과가 있어. 그렇지만 그곳의 환경이나 사람들의 건강에는 안전하지 않을 수 있지.

　그리고 살충제를 피해서 살아남은 메뚜기 떼가 다른 지역으로 이동할

수도 있거든. 바람을 탈 경우 메뚜기 떼는 하루 최대 150km까지 이동할 수 있어. 그래서 처음부터 위험한 메뚜기 떼가 발생하지 않도록 근본적인 원인을 차단하는 것이 더 중요해.

정상적인 기후를 지키는 노력

전문가들에 따르면 석유, 석탄이나 천연가스를 사용할 때 발생하는 온실가스가 정상적인 기후 패턴을 파괴해서 결국 사막 메뚜기 떼의 습격이라는 위기 상황이 벌어졌다고 해. 그리고 이러한 위험은 점점 더 가

속화되고 있어.

  메뚜기 떼로 인한 대규모 농업 피해가 반복되는 것을 막으려면 해당 지역뿐 아니라 전 세계가 힘을 모아 온실가스를 줄이는 노력이 필요해. 분리수거, 전기 절약, 대중교통 이용, 그리고 실내 냉난방 적정 온도 유지하기 등의 친환경적 노력은 당장은 큰 효과가 보이지 않을 수 있어. 그렇지만 소중한 지구의 온도를 지킬 수 있는 현명한 첫 걸음이야.

 지식플러스⁺

메뚜기를 무찌르는 오리 군단

메뚜기 떼로 최악의 피해를 겪고 있는 파키스탄 농부들을 위해 중국에서 특별한 부대를 파견했어요. 그것은 바로 10만 마리의 오리 군단이에요. 오리 한 마리는 하루에 200마리가 넘는 메뚜기를 잡아먹는대요. 그래서 살충제를 뿌리는 것보다 더 효과적인 방제 작업을 할 수 있다는 거예요. 닭은 하루에 70마리 정도 메뚜기를 먹을 수 있는데 오리는 그보다 세 배 정도를 더 먹을 수 있다니 정말 대단한 먹성이에요. 게다가 무리를 지어 다니는 특성 때문에 관리하기도 훨씬 수월하다니, 정말 재미있고 친환경적인 방법이지요?

교과서 속 기후 위기 키워드

 # 코로나19 2019년에 전 세계적으로 발생한 병으로, 기침이나 재채기로 전해지는 새로운 바이러스가 원인이었어요.

 # 해수면 바닷물의 표면을 말하는데, 바닷물의 가장 위쪽이라고 생각하면 돼요.

 # 부화 새끼가 알 속에서 자라다가 때가 되면 껍질을 깨고 나오는 과정이에요.

제 4 장

한국 등산로를 덮어 버린 대벌레

대벌레의 침공

움직이는 나뭇가지

"할아버지, 어깨에 나뭇가지가 붙어 있어요."

진영이는 할머니와 수리산 등산을 다녀온 할아버지 옷에 붙은 나뭇가지를 털다가 깜짝 놀랐어요. 옷 위의 나뭇가지가 천천히 움직이는 게

아니겠어요? 분명히 길쭉한 대나무 가지처럼 생겼는데 자세히 보니 가느다란 다리가 여섯 개나 달려 있어요.

"으악, 이게 뭐예요? 왜 나뭇가지가 움직여!"

진영이는 기겁해서 뒤로 물러섰어요. 토리도 놀랐는지 왈왈 짖으며 진영이에게 안아 달라고 졸랐어요.

"아이고, 등산로에 가는 곳마다 무더기로 쌓여 있고 나무에서도 뚝뚝 떨어지더니 여기까지 붙어 왔구나."

할머니가 얼른 집게를 가져와서 바닥에 떨어진 나뭇가지 벌레를 잡으려 했어요. 그랬더니 그 나뭇가지가 갑자기 다리를 몸에 착 붙이며 축 늘어졌어요. 위험을 피하려고 죽은 척하는 것 같았지요. 할머니가 얼른 집어서 쓰레기통에 버렸어요.

"이게 무슨 벌레예요?"

"진영이가 한번 맞춰 봐라. 생긴 모양을 보면 이름이 뭔지 금방 알 수 있을 것 같은데?"

할아버지가 장난스러운 표정으로 진영이에게 되물었어요. 교장 선생님이었던 할아버지는 늘 직접 설명하는 것보다 질문하는 걸 좋아해요. 다시 떠올려 봐도 몸에 마디까지 있는 게 영락없는 대나무 같았어요.

"설마, 대벌레인가요?"

"허허, 녀석! 제대로 맞혔구나!"

그때 현관에서 나오던 엄마는 마당에서 벌어진 작은 소란에 어리둥절했어요.

"어머니, 일찍 돌아오셨네요?"

"말도 말아라. 대벌레들이 등산로를 완전히 뒤덮어 버려서, 더 올라가길 포기했단다. 벤치나 정자에도 쫙 깔려 있어서 어디 쉴 데가 있어야지. 다른 등산객들도 엄두가 안 나는 모양이더라."

"올해는 유난히 빨리 나타났네요."

"지난겨울이 너무 따뜻해서 그렇겠지."

할아버지가 걱정했어요.

"아무리 큰 해가 없는 벌레라지만 너무 많이 나타나니까 좀 무섭더라. 역한 냄새도 많이 나고. 나는 당분간 산에 못 갈 것 같구나."

할머니도 가볍게 한숨을 쉬었어요.

왜 갑자기 우리 동네에 나타난 거야?

저녁 식사 시간에도 대벌레 이야기가 이어졌어요. 수리산은 진영이 집이 있는 군포시에서 가까운 경기도 도립 공원이에요. 정상까지 높이가 500미터쯤 되는 나지막한 산이라서 주민들이 가볍게 등산을 하기에 더없이 좋은 곳이에요. 할아버지도 은퇴한 후 거의 매일 할머니와 함께 산에 다녔어요. 그런데 이제 다른 운동을 해야겠다며 속상해했어요.

"할아버지, 원래 산에 대벌레가 이렇게 많아요? 나는 처음 보는데."

"아니란다. 예전엔 남쪽 지방에서야 드물게 보이던 녀석인데, 몇 년 사이에 폭발적으로 늘어났구나!"

"그러게 말이에요, 아버지. 몇 해 전 갑자기 서울 지역에 나타나더니 이제 우리 시에서도 문제가 되네요. 대벌레 대량 출몰 지역이 수도권 전 지역의 도심 공원들로 확대되는 것 같아요."

아빠도 대화에 끼어들었어요.

"대벌레들이 왜 도시로 와요? 원래 벌레들은 깊은 산이나 시골에 사는 거 아녜요?"

진영이는 새로운 사실에 흥미가 생겼어요.

"그건 아마도 도시의 숲들이 대부분 활엽수림이라서 그런 것 같구나. 특히 수리산은 대벌레들이 좋아하는 참나무 숲이 우거져 있거든. 거기다가 도시 개발을 하면서 생태계가 교란되니, 천적들이 사라져서 대벌레가 살기 좋은 환경이 된 거지."

"겨울이면 활엽수의 낙엽이 땅을 덮어서 대벌레 유충이 생존하기 좋은 온도와 습도가 유지되었을 것 같네요."

아빠와 할아버지의 진지한 대화가 이어졌어요.

"여러분! 맛있는 식사를 하면서 벌레 이야기는 그만하면 안 될까요?"

엄마가 모두를 돌아보며 부탁했어요.

안타까운 대벌레

다음 날 학교에서 텃밭 가꾸기 수업을 했어요. 상추와 치커리가 싱싱하게 잘 자라고 있어요. 지지대에 잘 묶어 둔 방울토마토에도 작은 열매들이 귀엽게 열렸네요. 그렇지만 진영이는 어쩐지 맨손으로 만지기 싫어서 망설이던 중이에요.

"왜 이렇게 벌레가 많은 거야?"

"징그러워!"

지난 수업 시간에 벌레를 쫓아 준다는 허브 식물들을 텃밭 상자 곳곳에 심었는데, 별로 효과가 없는 것 같아서 친구들이 불평했어요. 그러자 선생님이 도서관에서 해충을 방제할 수 있는 친환경적 방법들을 더 조사하자고 제안했어요.

"선생님! 그냥 살충제 뿌리면 안 돼요?"

"야! 김우진! 저 상추 우리가 먹을 건데, 위험하잖아."

"난 방울토마토 먹고 싶어. 벌레도 없앨 거야!"

도서관으로 간 진영이와 친구들은 천연 방제제를 만드는 여러 가지 방법을 검색하고 정리도 했어요.

"선생님, 이런 약으로 대벌레도 퇴치할 수 있을까요?"

진영이는 문득 할머니 할아버지가 등산을 포기한 게 생각나서 물었어요.

"글쎄! 효과는 있겠지만, 대벌레는 워낙 대량으로 출몰했으니 엄청난 양의 방제제가 필요하겠지?"

선생님도 갸우뚱하며 생각에 잠겼어요.

"박진영, 너도 대벌레 봤어?"

우진이가 관심을 보이며 말했어요.

"나는 지난 토요일에 아빠랑 감투봉 갔다가 기절할 뻔했어. 꼭 외계 생명체 같아. 으으."

우진이가 손가락을 길게 뻗으면서 대벌레처럼 천천히 움직이는 흉내를 냈어요.

친구들이 까르르 웃으며 각자 이야기를 했어요. 대벌레를 본 친구들이 의외로 많은 것 같아요.

"왜 시청에서 살충제를 안 뿌리지?"

"우리 할아버지가 해충은 아니라던데, 막 죽여도 될까?"

"해충이 아니라고? 그렇게 많은 대벌레가 나뭇잎을 갉아 먹으면 숲이 망가질 수 있잖아? 게다가 너무 많아서 사람들이 등산도 못 하고."

"그렇지만 살충제 때문에 다른 곤충이나 식물들이 죽을 수 있어. 게다가 환경 오염도 되고."

진영이는 어쩐지 대벌레가 안타까웠어요. 왜 갑자기 나타나서 사람들에게 미움을 받는 걸까요?

출 연: 대벌레가 궁금해?

식물이야, 곤충이야?

대벌레는 어떤 곤충일까?

대벌레는 대벌레목에 속하는 곤충들을 말해. 보통 가늘고 긴 대나무 모양이야. 그래서 영어로는 'stick insect'(막대기 벌레) 또는 'walking stick'(걸어 다니는 막대기)이라고 한대. 한자로는 죽절충(竹節蟲), 즉 대나무 마디를 닮은 벌레라는 뜻이야.

이렇게 자연물을 닮은 곤충을 의태 곤충이라고 해. 주로 높은 나무에서 생활하며 열대나 아열대 지방에 많이 분포해 있어. 예전에는 깊은 숲속에 가야만 겨우 보이는 수준이었는데, 요즘은 대량 발생해서 나뭇잎을 갉아 먹고 사람들에게 혐오감을 주는 일이 자주 벌어지고 있어.

세계에서 가장 긴 곤충

지금까지 발견된 세계에서 가장 긴 곤충 1, 2위가 모두 대벌레야. 인도네시아의 보르네오에서 발견된 대벌레는 무려 56.7cm였고, 중국에서는 62.4cm나 되는 대벌레가 발견되었대. 굉장하지?

대벌레는 다른 곤충들과 달리 날개가 퇴화해서 날지 못하지만, 대신 다리는 걷는 데 편리하게 발달되어 있어. 이들은 숲속 나무나 풀 가지에서 생활하며, 적의 습격을 받으면 다리를 떼어 버리고 달아나거나 죽은 척하면서 위기를 피한다고 해. 상수리나무, 참나무와 같은 활엽수의 잎을 먹고 사는데, 그래서 가로수나 과일나무와 기타 농작물에 피해를 주기도 해.

대벌레는 나뭇가지를 닮은 가늘고 긴 몸체 덕분에 숲속에서 잘 숨을 수 있어.

대부분 주변 환경과 잘 어우러지는 갈색이나 녹색이지만 일부는 독특한 무늬나 색상을 지니고 있어.

　대벌레는 긴 더듬이로 주변의 진동을 잘 감지할 수 있고, 큰 눈으로 적의 접근을 쉽게 감지할 수 있지. 또 대벌레의 다리에는 날카로운 가시가 있어 방어하는 역할을 하기도 해. 번식할 때는 독특한 구애 행동을 보이는데, 수컷은 특정한 소리를 내거나 몸을 흔들어 암컷을 유인해. 암컷은 교미 후 한 번에 수백 개의 알을 낳아 다음 세대를 이어가. 그래서 갑자기 대량의 대벌레가 한곳에 나타날 수 있는 거야.

지식플러스+

대벌레를 알아보는 OX퀴즈

1. 날개 달린 대벌레도 있다. （O, X）
2. 모든 대벌레가 해충이다. （O, X）
3. 대벌레 암컷은 수컷에 비해 행동이 민첩하다. （O, X）
4. 대벌레는 땅에 알을 낳는다. （O, X）
5. 대벌레는 사람이 많은 곳을 싫어한다. （O, X）

정답: 1. O 2. X 3. O 4. O 5. X

기후 위기를 찾았다!

대벌레와 기후 위기

수리산에 무슨 일이?

수리산은 경기도 군포시와 인근 도시들에 걸쳐 있는 도립 공원이야. 산에 솟아 있는 멋진 바위 봉우리들이 독수리 같다고 해서 수리산이라는 이름이 붙었다고 해. 아주 높지는 않아도 숲이 우거지고, 등산로가 잘 정비되어 있어. 도시에 사는 시민들에게는 마치 산소를 공급해 주는 허파처럼 소중한 공간이야.

그런데 얼마 전부터 등산객들이 산에 올라가는 것을 포기할 정도로 이상한 곤충들이 산을 뒤덮어 버렸어. 그것은 바로 나뭇가지나 대나무 가지처럼 생긴 대벌레들이야. 한두 마리가 아니라 우르르 떼를 지어 나타나서 사람의 몸에 달라붙어 기어오르는 경우도 많다고 해. 낯선 벌레의 출현에 놀란 시민들이 등산하는 것을 꺼리는 현상도 벌어졌어.

사실 대벌레는 오래전부터 우리나라에 살았어. 그런데 그동안은 일상생활에서 자주 접하지 못했던 벌레였지. 최근 들어 역대급으로 따뜻한 겨울이 찾아오기 전까지는 말이야. 2019년 겨울이 이상할 만큼 따뜻했거든. 그때 어마어마한 양의 대벌레 알들이 무사히 겨울을 나고 부화하면서 마치 폭발이라도 한 것처럼 대벌레들이 출몰하게 된 거야.

왜 하필 도시에 나타났을까?

대벌레는 2020년 이후 서울 은평구 봉산, 군포시 수리산, 의왕시 청계산, 그리고 하남시 금암산 등에서 대량으로 발생하고 있어. 그동안 우리나라 남부 지방이나 강원도에서 이따금 나타나기는 했지만, 수도권에서 많은 대벌레가 한꺼번에 발견된 건 처음 있는 일이었어. 어떻게 이런 일이 벌어졌을까?

그 원인은 이상 고온 현상이 지속되는 기후 위기와 도시화 현상에 있어. 요즘 지구 온난화 때문에 겨울이 점점 더 따뜻해지고 있잖아? 더군다나 도시는 온실가스 배출이 많아서 다른 지역보다 온도가 높아. 게다가 도시 주변의 산들은 대부분 활엽수림이야. 나뭇잎이 크기 때문에 대벌에게 좋은 먹잇감이 되는데다, 낙엽이 되어 땅을 덮으면 겨울에도 온도와 습도가 유지될 수 있어. 그래서 대벌레 알들이 무사히 겨울을 지나고 봄이 되면 한꺼번에 모두 부화할 수 있게 된 거야.

또 도시 개발이 진행되면서 주변 산에 살던 대벌레의 천적들이 많이 없어져 대벌레가 서식하기 좋은 환경이 만들어졌어.

사람들은 대벌레가 징그럽다고 피하고, 제거하려고 노력하지만 결국

이렇게 대벌레가 우리 주변 가까이에 나타난 것은 사람들에게 책임이 있어.

 지식플러스+

대벌레는 식물을 닮았다?

대벌레는 생김새뿐 아니라 번식 방법도 식물을 닮았어요. 나무 열매나 씨앗을 먹은 새가 멀리 이동해서 배설하면 그곳에 싹이 트는 것처럼 대벌레의 알도 이동을 하거든요. 어미 대벌레는 날개가 없어서 멀리 이동할 수 없어요. 대신 나무 위에서 알을 낳아 땅으로 떨어뜨린대요. 그런데 대벌레의 알은 마치 나무 열매의 씨앗처럼 생겼어요. 그래서 새들이 씨앗인 줄 알고 주워 먹게 되죠. 혹은 알을 품은 어미 대벌레를 새가 잡아먹을 수도 있어요. 그리고 이 새가 몇 시간 뒤에 다른 곳으로 가서 배설을 하면 자연스럽게 대벌레의 알이 먼 곳까지 이동하게 되는 거죠. 날개도 없고 느림보인 대벌레가 자손을 번식시키는 놀라운 방법이에요.

그래서 지금은?

대벌레의 침공을 극복하는 방법

> 친환경적인 퇴치법은 없을까?

　대벌레는 사람에게 직접적인 피해를 주지는 않아. 그렇지만 지나치게 많은 수의 대벌레가 발생하면 나뭇잎을 갉아 먹으며 활엽수의 성장을 방해할 수 있어. 또 생김새가 특이한 대벌레가 바글바글하면 등산하는 사람들에게 불쾌감을 줘. 그래서 해마다 대벌레로 인한 민원이 많이 발생해서 어쩔 수 없이 살충제를 사용해 대벌레를 없애고 있어.

　그런데 대벌레를 없애기 위해 무분별하게 살충제를 뿌리면 대벌레뿐 아니라 다양한 곤충들의 서식지인 숲과 사람들에게도 피해가 돌아올 수 있어. 살충제는 해충뿐 아니라 대벌레의 천적 같은 익충들도 죽이고 같은 지역의 식물과 토양의 오염도 가져올 위험이 크기 때문이야. 결과적으로는 살충제에 내성을 가진 다른 벌레가 늘어날 수도 있어. 상황에 따라 살충제를 써야 할 수도 있지만, 그것은 마지막 수단으로 사용해야 해.

　최근에는 대벌레 발생 지역에 사는 조류, 딱정벌레 같은 포식성 천적들을 보호하고 대벌레에게는 치명적이지만 자연에는 해가 없는 곰팡이균을 통해 방제하는 방법들을 연구하고 있어. 이렇게 자연의 균형을 유지하고 지역 생태계의 다양성을 보호하려는 친환경적 노력이 더욱 필요해.

교과서 속 기후 위기 키워드

 # 도립 공원 지방 정부가 관리하는 자연 공간을 말해요. 사람들이 자연을 즐기고 활동할 수 있는 곳이에요.

 # 수도권 서울과 그 주변 인천과 경기도를 포함하는 지역으로, 많은 사람들이 살고 일하는 곳이에요.

 # 방제 방제는 해충이나 병해를 방지하거나 없애는 방법을 말해요. 주로 농작물이나 식물에 해로운 것들을 제거하는 데 사용되고 있어요.

제 5 장

영국 들판에서 사라져 가는 나비

아름다운 나비를 계속 보고 싶어

나비는 굉장한 존재야!

"제인! 준비됐어. 이제 나와도 돼."

아래층 거실에서 아빠가 제인을 불렀어요. 어쩐지 흥분한 목소리예

요. 영국 브리스톨에서 IT 스타트업 회사를 운영하는 아빠가 최근 개발한 3D 프로젝터를 처음 시연하는 날이거든요.

그동안 컴퓨터 그래픽은 디자이너가 일일이 손으로 그렸지만, 아빠의 프로젝터는 내장된 AI를 이용하면 원하는 그림에 대한 텍스트만 입력해도 3D 홀로그램으로 나타날 수 있다고 해요. 사실 제인은 무슨 말인지 잘 이해가 안 됐어요. 그래도 좋아하는 나비를 보여 준다는 아빠 말에 기대감이 부풀었지요.

"우와, 정말 예뻐요!"

계단을 내려가던 제인은 깜짝 놀랐어요.

거실 가득히 오색 찬란한 나비들이 날아다니고 있었거든요. 마치 제인을 향해 날아오는 것 같았어요. 고양이 해리는 진짜 나비들이라고 생각했나 봐요. 이리저리 폴짝폴짝 뛰면서 잡아 보겠다고 애를 썼어요.

진짜보다 더 진짜처럼 보이는 아름다운 나비들이었어요. 각기 다른 무늬와 찬란한 색을 지닌 나비 떼들로 거실은 마치 무지개 속으로 들어간 것 같았지요. 제인은 나비들의 화려한 비행에 마음을 뺏겨서 한동안 말을 할 수 없었어요.

"멋져! 나비는 정말 굉장한 존재야!"

잠시 뒤 제인이 혼잣말로 감탄을 쏟아 내자 엄마 아빠가 동시에 웃음을 터트렸어요.

"제인, 너는 다른 곤충들은 징그럽다고 질색하면서 나비는 왜 그렇게 좋아하니?"

"다른 벌레들은 사람을 물기도 하고 생김새도 좀 징그러워요. 그렇지만 나비는 아름답잖아요."

"제인 말이 맞아. 날개 하나하나가 예술 작품 같지 않니?"

엄마도 공감해 주었어요.

제인은 나비가 참 신비롭다고 생각했어요. 애벌레에서 번데기로, 그리고 마침내 아름다운 날개를 펴고 날아오르는 나비는 정말 매력적인 곤충이에요.

"아빠! 내일 현장 학습에 카메라를 가져가도 될까요? 예쁜 나비들을 많이 찍고 싶어요."

제인이 부탁하자 아빠는 고개를 끄덕였지요. 그렇지만 이해할 수 없는 말도 덧붙였어요.

"글쎄, 요즘도 나비들을 볼 수 있을지 모르겠구나!"

나비들은 다 어디로 갔을까?

오랜만에 현장 학습을 가는 제인과 친구들은 모두 신이 났어요. 스쿨버스로 브리스톨 시내를 벗어나 약 30분을 달렸어요. 그러자 서머싯의 평화롭고 넓은 녹지가 끝없이 펼쳐졌지요.

전통적인 영국 시골의 풍경을 자랑하는 이 지역에는 사과, 배 같은 과일을 기르는 과수원들이 많아요. 주변 도시 주민들이 자주 찾아와서 산책을 즐기고 과수원 체험도 하는 곳으로 유명하죠. 제인도 종종 엄마 아빠와 이곳에서 신선한 사과를 사곤 했어요.

"자! 점심 전까지 자유 시간을 주겠어요. 위험한 곳은 없지만 그래도 혼자 멀리 가면 안 돼요."

　현장 학습 장소에 도착한 제인과 친구들은 선생님의 주의 사항을 들은 후 주변으로 흩어졌어요. 과학 시간에 공부한 봄철 식물과 곤충들을 직접 확인하고 사진도 많이 찍었어요. 특히 제인은 나비들을 찾고 싶어서 이리저리 풀밭을 돌아다녔어요.

"이상하다! 왜 나비들이 안 보이지? 다 어디로 간 거야?"

한참을 찾았지만 작은 나비 한 마리만 만났을 뿐, 기대했던 형형색색의 나비 떼들은 어디에도 없었어요. 막 피어난 꽃들 사이를 나풀나풀 춤추며 날아다니는 나비들을 보고 싶었던 제인은 속이 상했어요.

예쁜 나비들은 다 어디로 갔을까요? 문득 아빠가 어제 나비를 볼 수 없을 것 같다고 걱정했던 말도 생각났지요.

"선생님! 나비가 안 보이네요. 이 넓은 풀밭에서 한 시간 동안 겨우 한 마리밖에 못 봤어요. 지금 나비가 많은 계절 아닌가요?"

"그렇구나. 나비는 봄의 전령이라는데 꽃들이 아름답게 피었는데도 안 보이는구나. 환경이 많이 변하는 것 같아 걱정이네!"

선생님도 심각한 표정으로 주위를 돌아보았어요.

나비 효과를 기대해!

점심 식사를 마친 후, 제인과 친구들은 인근 과수원을 방문했어요. 학교에서 단체 견학을 신청한 곳이에요.

"안녕! 나는 마이클이야."

과수원 입구에서 미리 기다리고 있던 키 큰 아저씨가 반갑게 맞아 주었어요. 모두 아저씨를 따라 과수원으로 들어갔어요. 사과나무들마다 활짝 핀 꽃들이 과수원을 향기롭게 채우고 있어요.

　사과나무 주변에 하얀 보닛을 눌러쓴 아주머니들이 작은 브러시로

사과 꽃송이마다 뭔가를 바르고 있었어요. 조금 더 키가 큰 사과나무에는 사다리에 올라간 아저씨들이 스프레이에 든 액체를 꽃들을 향해 아주 조심스럽게, 조금씩 뿌려 주고 있었지요.

"저분들은 뭘 하시는 거예요?"

호기심 많은 벤틀리가 아저씨에게 물었어요.

"너희 인공 수분이라는 말 아니? 사과 꽃 수술에서 채취한 꽃가루를 다른 사과나무 꽃의 암술로 옮겨 주고 있는 거야. 그렇게 수정을 해야 사과 열매가 열리거든."

"아니, 꽃들이 이렇게 많은데 사람이 일일이 다 수정을 해 줘야 하나요?"

놀라는 친구들에게 마이클 아저씨가 설명을 계속해 줬어요.

"예전에는 봄이 되면 다양한 나비들이 꽃과 나무 주변으로 몰려왔단다. 자연스럽게 먹이 활동을 하면서 꽃가루를 옮겨 주었어. 보기에도 아름다웠지만, 농부들의 일손도 많이 덜어 주었지. 그런데 요즘 나비가 더 이상 과수원에 오질 않는구나!"

제인이 조용히 손을 들고 질문했어요.

"왜 나비가 과수원에 오지 않나요?"

"이상한 일이지? 원래 봄이 오면 서머싯 언덕마다 아름다운 나비들이 가득했는데 말이다. 자세히는 모르지만 아무래도 날씨와 관계가 있는 것 같다. 예전보다 기온이 많이 올라갔거든."

"그럼, 기후 위기 때문에 나비들도 사라진 건가요?"

"나비뿐이겠어? 이러다가 우리가 사과를 못 먹게 되면 어쩌지?"

벤틀리가 익살스럽게 말하자 친구들이 킥킥 웃었지만, 제인은 심각해졌어요. 어제 아빠가 나비를 볼 수 없을 것 같다고 걱정한 이유를 알 것 같았거든요.

"너희 나비 효과라는 말 들어 봤니?"

아저씨가 물었어요.

"네! 나비가 날갯짓을 하면 지구 반대편에 폭풍이 온다는 뜻 아닌가요? 그게 정말이에요?"

"맞아, 잘 아는구나! 그 속뜻은 아주 작은 변화나 사소한 사건이 엄청난 결과로 이어진다는 의미야. 그런데 지금 우리는 더 무서운 나비 효과가 현실로 나타날 것 같아 걱정이 많단다."

마이클 아저씨는 나비가 사라지면서 과수원에서는 사람들이 직접 사과 꽃 인공 수분을 해야 하는 것뿐 아니라 해충들이 많이 나타나는 등 관리가 더욱 힘들어졌다고 했어요.

앞으로 과수원에 안 좋은 일이 더 생길까 봐 걱정이 많아 보였어요. 그동안 나비의 멋진 모습만 보고 좋아했던 제인은 아저씨의 설명을 들으며 나비가 영국의 자연 생태계에 얼마나 중요한 존재인지를 알게 되었어요.

어서 기후 위기가 해결되어서 나비가 돌아오면 과수원도, 서머싯의 자연도 회복될 수 있겠지요? 제인은 진짜 좋은 나비 효과가 일어나길 바랐어요. 3D로 멋지게 재현한 나비가 아무리 그럴듯해도 실제 살아 있는 나비보다 귀할 수는 없으니까요.

출 인: 나비가 궁금해?

나비는 예쁘기만 한 곤충이 아니야

나비는 어떤 곤충일까?

나비는 나비목에 속하는 곤충 중에서 낮에 활동하는 무리를 말해. 밤에 활동하는 나비목의 곤충은 나방이라고 하지. 전 세계에 약 1만 8000종, 우리나라에는 약 280종이 발견될 정도로 종류가 많고 모양과 크기도 무척 다양해. 더듬이가 곤봉 모양인 나비는 호랑나비류, 더듬이가 갈고리 모양인 건 팔랑나비류로 분류하고 있어.

나비란 이름은 바람결에 무엇인가 가볍게 흔들리는 모습을 나타내는 '나불거리다'라는 말에서 유래되었다고 해. 나비의 가장 큰 특징은 커다랗고 화려한 날개잖아? 선명한 색깔과 아름다운 패턴의 날개로 꽃과 나무들 사이를 나풀거리며 날아다니는 모습은 사람들의 호기심과 감탄을 자아내기에 충분해.

날개 달린 정원사

푸른 들판에서 춤을 추듯 훨훨 나는 나비를 본 적 있니? 그 자유롭고 아름다운 모습은 마치 자연이라는 캔버스에 그려진 뛰어난 예술 작품 같아. 나비는 우리들의 정서를 풍요롭게 만들어 줄 뿐 아니라 생태계에도 중요한 역할을 하고 있어.

우선 나비는 수분 매개자야. 꽃에서 꽃으로 날아다니면서 꽃가루를 전달해서 식물의 생존과 번식을 돕고 있지. 그리고 썩은 과일이나 낙엽, 곤충의 사체나 배설물까지 분해하는 자연의 청소부 역할도 하고 있어. 언뜻 보면 나비는 유유자적하며 한가하게 날아다니는 것 같지만 실은 자연이라는 아름다운 정원에서 정원사 역할을 부지런히 하고 있지.

기후 위기를 찾았다!

나비와 기후 위기

영국에 무슨 일이?

영국의 서머싯 지역은 국립공원, 해안가, 그리고 잘 보존된 농촌의 아름다운 자연 경관으로 유명한 곳이야. 특히 사과 과수원이 많은데, 14세기에 심은 오래된 과일나무들도 많이 있다고 해. 또 다양한 나비들이 서식하는 곳으로 잘 알려져 있었어.

그런데 지난 20년 동안 거의 절반 이상의 나비가 사라졌다고 해. 전문가들이 기후 변화, 서식지 파괴, 살충제 사용과 같은 여러 원인을 조사했는데, 그 결과 온난화로 인한 기후 변화가 나비가 사라지는 데 가장 큰 영향을 준 것으로 확인되었어.

2022년 여름에 특히 심했던 폭염과 가뭄 때문에 영국 나비들이 큰 피해를 입었어. 과일나무의 꽃에 수정이 이루어져서 열매를 맺는 과정에 중요한 역할을 하는 나비가 과수원에서 사라지는 것은 심각한 문제야.

맛있는 과일을 먹기까지 사람들의 힘이 더 많이 필요하게 되었지. 게다가 집파리, 바퀴벌레를 비롯해서 식물을 병들게 하는 해충들이 나비 대신 나타나기 시작했다고 해. 영국이 자랑하는 아름다운 자연 풍경이 바뀌고 있어서 걱정이야.

기후 위기가 나비에게 미치는 영향

　수십 년 전부터 전 세계 곤충의 개체 수와 다양성이 줄어들고 있어. 그런데 최근에는 나비나 꿀벌 같은 꽃가루 매개충이 특히 빠르게 감소하고 있어서 많은 사람들이 걱정하고 있어.

　그 원인이 뭘까? 나비는 대표적인 변온 동물이야. 미세한 온도 변화에도 나비들은 생리적 스트레스를 많이 받는다고 해. 그러면 정상적인 번식이나 생육이 이루어질 수 없어. 게다가 날씨가 계속 덥고 건조해지면서 나비의 먹이가 되는 식물들이 쉽게 말라서 죽는 경우가 많아졌어. 대신 나비의 천적들이 활동하는 시간은 늘어났지.

　문제는 또 있어. 따뜻해진 겨울은 나비가 겨울잠에 드는 것을 방해한다고 해. 그리고 유충들이 제대로 부화하지 못하고 사라지지. 이렇게 점점 나비의 수가 줄어드는 거야. 또 어떤 나비들은 더 살기 좋은 기후를 찾아 먼 거리로 이동하는 경우도 많아졌다고 해.

　나비는 꽃가루를 수정시켜 과일이 열리게 하고 식물의 번식을 도와서 생물 다양성을 유지하는 데 중요한 역할을 하고 있어. 그래서 나비가 사라지면 자연 생태계뿐 아니라 사람에게도 큰 위험이 닥쳐올 수 있어.

 지식플러스

나비 날개의 비밀

나비들은 저마다 독특하고 아름다운 점무늬가 있어요. 이 점무늬는 보기에도 멋지지만 나비의 생존에 중요한 역할을 해요. 천적으로부터 자신을 보호하기 위해 위장하고 짝짓기 상대를 유혹하죠. 그리고 날개를 활짝 펴서 태양열을 흡수하거나 반사해서 체온 조절도 해요. 그리고 나비의 점무늬는 빠르고 정확하게 날 수 있도록 균형을 맞추는 기능도 하지요. 그런데 이 점무늬의 숫자가 기후에 따라 달라진다고 해요. 높은 온도에서 번데기 단계를 거친 나비의 점무늬가 보통 온도에서 성장한 나비보다 훨씬 적다는 거예요. 다시 말해서 지구의 평균 기온이 올라갈수록 나비의 점무늬가 줄어드는 거죠. 이렇게 점무늬가 줄어든다는 것은 나비의 위장, 구애, 체온 조절, 비행 안정성 능력을 떨어뜨리게 돼요. 그래서 나비의 개체 수가 줄어들 위험이 생겨요. 결국 기후 변화가 나비의 생존에 큰 영향을 주는 거예요.

그래서 지금은?

나비를 다시 돌아오게 하는 지혜로운 방법

지구를 살리는 '나비 효과'

최근 영국뿐 아니라 전 세계적으로 나비가 급격하게 사라지고 있어. 그 이유는 지구 온난화로 인한 기후 위기 말고도 다양해. 예를 들어 집이나 공장 등을 짓기 위해 나비의 서식지를 파괴한다든지, 지나친 살충제나 화학 비료를 사용하는 것 등 사람들의 편익을 추구하는 활동이 나비를 살지 못하게 하고 있어.

아름다운 나비들이 변화하는 기후와 사람들 때문에 위험한 상황에 놓인 거야. 그러니 나비를 돌아오게 하는 일도 우리의 책임이 분명해. 나비를 보호하는 일은 단순히 나비만을 위한 것이 아니라 생태계와 환경을 보호하는 중요한 활동이야.

생태계의 중요한 구성원인 나비를 살리려면 어떻게 해야 할까?

일회용품 사용 줄이기, 자동차를 적게 타기, 플라스틱 제품 사용을 줄이기 같은 노력은 사소해 보이고 당장 큰 효과를 보이지는 않아. 그렇지만 지구 온난화의 원인이 되는 온실가스를 줄이기 위해서는 꼭 필요한 활

동이야. 우리 모두 지구를 살리기 위해서 진정한 나비 효과를 일으켜야 할 때가 되었어.

나비가 북쪽으로 가는 이유

나비는 전 세계 어느 곳에서나 쉽게 볼 수 있는 친숙한 곤충이에요. 무성한 열대 우림에서부터 건조한 사막, 심지어 도시의 정원까지 다양한 생태계에서 서식하고 있죠. 그런데 나비 분포도가 해마다 1.6km씩 북쪽으로 이동하고 있어요. 지구 온난화로 남쪽에 살던 나비들이 북쪽으로 이동하는 거예요. 예를 들어 붉은점모시나비는 태생적으로 더위를 견딜 수 없는 한지성 나비라고 해요. 그래서 기온이 올라갈수록 점점 북쪽으로 이동한대요. 온난화로 인해 겨울은 따뜻해지고 여름은 견딜 수 없이 더워지니까 친숙한 장소를 떠나 낯선 곳으로 이동을 감행한 거예요. 작고 연약해 보이는 나비들이 살기 위해서 장거리를 날아간다니 참 안타깝죠? 그런데 사실 나비는 보기보다 연약하지 않아요. 바람이 없는 상태에서도 최대 780km를 날아갈 수 있다고 해요. 만약 바람이 잘 불어 준다면 훨씬 더 멀리 살기 좋은 곳을 찾아 날아갈 수 있어요. 제왕나비 종류는 북미 대륙 8000km를 왕복할 수 있다니 정말 놀라운 일이죠?

교과서 속 기후 위기 키워드

 # 나비 효과 작은 행동이 큰 변화를 초래할 수 있다는 걸 설명하는 용어예요.

 # 수분 식물의 꽃가루가 암술에 전달되어 씨앗을 생성하는 과정이에요.

 # 인공 수분 식물의 꽃가루를 사람이 직접 암술에 전달하여 수정 과정을 유도하는 방법인데, 주로 농업에서 품종 개선이나 수확량 증가를 위해 사용하고 있어요.

제 6 장

프랑스 관광지를 위협하는 빈대

난데없는 빈대 소동

반갑지 않은 손님

"소피! 엄마 좀 도와줄래?"

"네, 금방 갈게요!"

거실에서 책을 읽던 소피는 얼른 뒷마당으로 나갔어요. 엄마는 깨끗하게 세탁한 빨래들을 정리하고 있었지요.

"침대 시트가 너무 커서 혼자 널기가 힘들구나. 고마워, 우리 딸!"

"언제든 도와드릴게요. 요즘 손님들이 늘어나서 힘들죠?"

"나는 괜찮단다. 오히려 일이 많으니까 힘이 나는걸!"

소피네 가족은 프랑스 파리의 라텡에서 게스트 하우스를 운영하고 있어요. 비싼 호텔처럼 크고 화려하진 않아도 깨끗한 방과 예쁜 정원, 그리고 무엇보다 맛있는 프랑스식 저녁 식사가 제공되어서 여행자들에게 좋은 소문이 나 있지요.

그런데 지난 몇 년간 코로나 때문에 파리에 관광객들이 오지 않아서,

소피네 집도 어려움이 많았어요. 몇 달씩 손님이 한 명도 오지 않은 적도 있었거든요. 다행히 얼마 전부터 예약이 조금씩 늘어나더니, 본격적인 휴가철이 되면서 매주 새로운 손님들이 오고 있어요. 특히 소르본느 대학이 가까이 있어서 젊은 대학생들이 많아요.

"소피, 내일은 한국 대학생들이 온단다. 너의 K-pop 댄스 실력을 보여 주면 좋겠어!"

소피는 기대감에 부풀어서 엄마를 열심히 도왔어요. 요즘 날씨가 너무 더웠지만 오늘은 바람도 살랑살랑 불고 있어서 빨래가 잘 마를 것 같아요.

다음 날 오후 대학생 언니 네 명이 소피네 집에 도착했어요.

"어서 오세요! 소피네 집에 오신 것을 환영합니다."

소피가 그동안 연습했던 한국말로 인사하자, 언니들은 깜짝 놀라며 즐거워했어요.

"방이 아주 깨끗하네요!"

"정원이 정말 예뻐요."

언니들은 소피네 집을 둘러보며 만족했어요.

다음 날 일찍 일어난 소피는 언니들이 궁금해서 공동 식당으로 갔어요. 그런데 언니들의 얼굴이 어두워 보였어요. 다가가 보니, 한 언니 팔에 좁쌀 모양의 붉은 반점들이 한 줄로 길게 나 있었어요. 다른 언니들이 불평했어요.

"침대에 벌레가 있었던 것 같아요."

"다행히 우리는 물리지 않았지만, 위생 상태가 청결하지 않은 것 같아 찜찜해요."

"방을 소독하셨나요?"

엄마도 언니의 팔을 살펴보며 걱정했어요.

"긁지 마세요! 일단 찬물로 잘 닦고 소독을 해 줄게요."

그때 아빠가 비상약품 상자를 가져왔어요. 엄마가 언니 팔에 연고를 발라 주었지요. 아빠는 어제 방을 잘 청소했는데도 이런 일이 발생해서 미안하다고 사과했어요. 그리고 다시 방을 소독하겠지만 혹시 언니들이 다른 숙소를 옮기고 싶다면 도와주겠다고도 말했어요.

언니들은 서로 뭔가를 의논했어요. 그리고 잠시 뒤에 다시 벌레에 물릴 걱정만 없다면 계속 머물고 싶다고 말했어요.

소피는 한국 대학생 언니들 방에 반갑지 않은 손님까지 묵었다는 사실이 속상했어요.

빈대라고요?

언니들이 주변 관광을 하러 나간 후 아빠는 손님 방에 들어가서 구석

구석을 자세히 살펴보았어요. 잠시 뒤에 심각한 표정으로 손에 뭔가를 들고 나오며 말했어요.

"여보, 큰일 났네. 침대 한 곳에서 빈대가 발견됐어. 어디서 옮겨 온 걸까?"

"빈대라고요?"

엄마는 금방이라도 울 것 같은 표정이 되었어요.

"안 그래도 요즘 극장이나 열차 같은 데서 빈대가 발견됐다던데 어쩌다 우리 집까지……."

아빠는 다른 게스트 하우스들에 전화를 했어요. 통화를 하면 할수록 아빠의 얼굴이 어두워졌어요. 요즘 날씨가 더워지면서 곳곳에서 소피네 집처럼 빈대가 발견된 곳이 많다는 걸 알았거든요.

"여보, 우리가 청소를 다시 하는 것보다는 전문 방역 업체에 부탁해야 할 것 같아요."

점심 무렵 아빠가 신청한 방역 업체에서 아저씨 두 명이 나와서 별채를 소독했어요. 아저씨들은 다행히 별채에서 침대 한 곳을 제외하고는 빈대의 흔적이 없다고 했어요. 아마도 지난번 여행객들의 짐에서 옮겨 온 것 같은데, 대규모로 번식하기 전에 발견한 거라고 했어요.

빈대 성충들은 다 제거했지만 혹시 알이 남아 있을 수 있느니, 정기적으로 다시 소독을 하기로 했어요. 그리고 실제 빈대가 발견된 매트는 폐기하고, 구석구석 다시 청소했어요. 소피도 바쁜 엄마 아빠를 열심히 도

와드리다 보니, 어느새 저녁이 되었어요.

식사 시간에 맞추어 언니들이 돌아왔어요. 소르본느 대학과 주변의 서점, 식물원 등에 다녀왔다고 했어요. 다행히 언니의 팔에 남았던 상처가 많이 가라앉았어요. 통증도 이제 조금밖에 없다면서, 잘 치료해 줘서 고맙다고 엄마에게 인사했어요.

아빠가 방역 업체에서 나와서 빈대를 제거하고 침구도 새로 교체한 일을 자세히 설명해 주자 언니들은 안심했어요. 저녁 식사를 하면서 엄마가 제안을 했어요.

"오늘 밤은 조금 불편하더라도 우리 집에서 같이 잠을 자면 어떨까요? 별채를 소독하고, 환기도 했지만, 혹시 냄새가 남아 있을지 모르니까요."

"좋아요! 캠핑하는 것 같겠네요."

빈대 걱정 없는 여행

그날 밤 소피 가족과 언니들은 거실에서 늦게까지 이야기를 나눴어요. 소피는 좋아하는 K-pop으로 댄스 실력을 뽐냈지요. 언니들도 만만치 않았어요. 모두 같이 춤을 추며 즐거운 시간을 보냈어요.

잠자러 가기 전에 한 언니가 걱정했어요.

"그런데 파리를 찾아오고 싶어 하는 여행객들이 많은데, 빈대가 자꾸 나오면 곤란하지 않을까요?"

"정부에서도 계속해서 조치를 취하고 있어요. 올림픽을 치르면서 빈대 때문에 문제가 됐었거든요. 앞으로 잘 해결해야지요."

"모든 프랑스 숙박업소가 소피 가족 같으면 좋겠어요. 손님 방을 잘 관리하고 관광객들에게 친절하게 도움을 주면 해결될 것 같아요."

언니들은 이틀 더 소피네 게스트 하우스에 머물렀어요. 언니들이 떠나는 날 소피는 너무 섭섭했지요.

"소피, 너의 K-pop 댄스 영상 계속 인스타에 올려 줘!"

"네, 언니! 또 만나요."

엄마는 스프레이 방충 약을 언니들에게 선물했어요. 여행하는 동안 기차 좌석이나 침대 시트를 미리 잘 살피고, 약도 뿌리라고 알려 줬어요. 소피는 언니들이 안전하게 여행을 잘하길 바랐어요.

춘 인: 빈대가 궁금해?

아주 작지만 끈질긴 곤충

빈대는 어떤 곤충일까?

빈대(bedbug)는 노린재목 빈대과에 속하는 곤충이야. 몸집이 5~7mm 크기로 작고 날개가 없는 타원형 모양의 납작한 벌레야. 동물의 피를 빨아먹고 사는데, 성충은 체중의 2.5배에서 최대 6배 이상의 혈액을 흡혈하여 배 속에 저장할 수 있다고 해.

빈대는 낮에는 빛이 들지 않는 곳에 숨어 있다가 밤이 되면 사람의 피를 빨기 위해 활동을 시작해. 그런데 피를 먹지 않고도 100일가량 살 수 있을 만큼 생명력이 길어서 완전히 박멸하기 어렵다고 해.

박쥐벌레(batberg)에서 침대벌레(bedbug)로

빈대는 영어로 'bedbug'(침대벌레)라고 해. 아주 오래전에는 동굴 속에서 박쥐(bat)의 피를 빨아 먹으며 살았는데 사람들이 동굴에서 생활할 때부터 사람 주변에서 기생하게 되었다고 해. 정말 역사가 오래된 곤충이지? 빈대는 주로 사람들이 자는 침대 이음새 등에 숨어서 생활하기 때문에 'bedbug'라고 불리게 된 거야.

빈대는 오래된 침대 매트리스와 시트 속에 숨어 있다가 사람이 잠을 자느라고 누워서 움직이지 않으면 기어 나와 긴 주둥이로 피부를 찔러서 흡혈한 후에 다시 안전한 곳으로 가서 소화시킨다고 해.

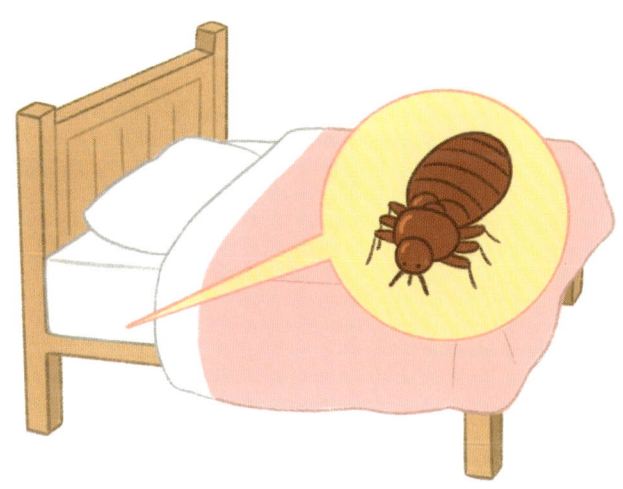

21세기에 다시 돌아온 흡혈귀 빈대

빈대는 사람들이 동굴 생활을 할 때부터 끈질기게 우리 주변에 살아왔으니 정말 오래된 불청객이야. 그런데 사실 우리나라를 비롯해 전 세계에서 거의 박멸된 상태였어.

사람들의 주거 환경이 변하고 위생 상태가 좋아진 데다가 DDT라는 강력한 살충제가 생겼기 때문이지. 그러나 지난 몇 년간 DDT 등 여러 화학 물질은 인간과 자연환경에 나쁜 영향을 미치는 것이 밝혀져서 사용이 금지됐어.

그런데 특히 프랑스 같은 유럽 선진국에 난데없이 빈대들이 나타나서

모두 당황하고 있어. 그 원인은 살충제에 내성을 가진 빈대들이 생긴 데다가 기후 위기 때문에 빈대가 서식하기 좋은 환경이 만들어졌기 때문이야. 게다가 역사가 오랜 유럽의 주택들은 목조 가구들이 많아서 빈대가 쉽게 번식할 수 있어.

빈대는 눈에 잘 안 보이고 사람들의 피를 빨긴 하지만 치명적인 전염병의 매개체는 아니라서 방역을 잘 안 하고 방심한 탓도 있다고 해. 초기 대처를 제대로 안 했다가 점점 피해가 커진 거야.

빈대 때문에 집을 태우다니!

빈대는 오래전부터 우리나라에서 매우 흔했어요. "빈대 붙는다.", "빈대도 낯짝이 있다." 등과 같이 여러 속담의 주인공이 될 정도예요. 옛날 사람들은 빈대를 쫓기 위해 개구리밥이라는 식물을 말리거나 지네와 거미를 꿩 깃털과 함께 태워서 연기를 피웠다고 해요. 그러다가 '아차' 하는 실수로 집에 불이 옮겨붙기도 했대요. "빈대 잡으려다 초가삼간 다 태운다."라는 말이 생길 정도라니, 빈대가 얼마나 사람들을 괴롭혔는지 짐작이 가지요?

기후 위기를 찾았다!

빈대와 기후 위기

파리에 무슨 일이?

2024년 여름, 프랑스 파리는 온통 올림픽 열기로 달아올랐어. 세계 각국의 선수들이 각자의 분야에서 멋진 경기를 보여 주었지. 그런데 작은 벌레의 공격으로 올림픽 개최가 위협을 받았다고 해. 그 벌레가 바로 빈대야. 이미 3년 전부터 이상 기온으로 빈대가 자주 출몰하게 되면서 프랑스 정부에서는 비상 대책을 세우고 빈대와의 전쟁을 벌였어.

그렇지만 파리 지하철과 영화관,

숙박업소 등에서 빈대를 목격했다는 글들이 SNS에 잇따라 올라오는 등 별 소득이 없었다고 해. 전문 방역 업체에서 빈대를 퇴치하려고 노력했지만, 빈대들이 점점 더 살충제에 내성이 생기면서 숫자가 급증했다고 해.

기후 위기, 또 너야?

왜 빈대가 세계 곳곳에서 문제가 되는 걸까? 우선, 무역, 관광, 이민 등 사람들의 이동이 빈번해 지고 있기 때문이야.

빈대는 알이나 유충의 형태로 사람들이 가는 곳이라면 어디든 따라갈 수 있다고 해. 그런데 프랑스는 늘 관광객이 많은 곳인데, 왜 최근 몇 년 동안 빈대가 많이 나타난 걸까? 프랑스 정부는 그 원인을 찾아보았어. 그 결과 정부의 비상 대책 회의에서 최근 지구

온난화 현상이 갑작스러운 빈대 번식에 영향을 미쳤다고 분석했어. 2023년 여름은 프랑스 역사상 네 번째로 더운 여름이었거든. 기온이 이렇게 상승하면서 빈대 출몰 횟수도 빠르게 증가했어. 밤마다 출몰하는 빈대 때문에 프랑스 사람들은 잠을 자지 못할 뿐만 아니라 삶의 질도 급격히 떨어지고 있다고 불평하게 됐어. 전 세계 사람들이 꼭 가 보고 싶어 하는 관광지라는 자부심에도 금이 갔지. 그래서 프랑스 정부는 긴급 대책 회의를 열고 다양한 대응 방안을 마련했다고 해.

요즘 세계 곳곳에서 예전에 없었던 이상 현상이 나타날 때마다 이렇게 외치게 돼. "기후 위기 또 너야?"

기후 위기는 정말로 사람들의 생활에 여러 가지 심각한 문제를 초래하고 있어. 그런데 앞으로도 그 영향이 계속될 것 같아서 큰 걱정이야.

그래서 지금은?

빈대를 없애는 현명한 방법

그냥 살충제를 쓰면 안 될까?

최근 프랑스뿐 아니라 우리나라에서도 빈대 출몰에 대한 걱정이 커지고 있어. 빈대는 모기나 바퀴벌레와는 달리 사람에게 해로운 병균은 옮기지는 않는다고 해. 그렇지만 물리게 되면 피부가 심하게 부어오르고 모기에 물렸을 때보다 열 배 정도로 심한 가려움증을 유발해. 더군다나 눈에 바로 보이지 않을 만큼 아주 작기 때문에 잡기도 쉽지 않아. 이 골칫덩이 빈대를 퇴치할 방법은 어떤 것들이 있을까?

물론 즉각적인 살충제 사용은 효과가 빠르지만 그만큼 부작용도 클 수 있어. 그래서 일차적으로 빈대의 약점을 이용하는 방법을 사용하는 것이 좋아. 빈대는 고온에서 살 수가 없다고 해. 그래서 50℃ 이상의 뜨거운 열

을 이용하는 게 빈대 퇴치에 효과적일 수 있어. 스팀청소기나 헤어드라이어를 이용해 빈대가 서식하는 벽과 가구 틈에 고열을 분사하는 거지.

빈대는 한 번 발생하면 박멸이 굉장히 어려워. 그래서 애초부터 집 안에 들이지 않는 것이 가장 중요해. 빈대에 오염됐을 가능성이 있는 중고 가구, 낡은 책, 옷, 여행용 가방 등을 함부로 집 안에 가져오면 안 되겠지. 그리고 집 안의 갈라진 틈, 벽지 등 빈대가 생길 가능성이 있는 부분을 수리해서 청결한 주거 환경을 만들어야 해.

빈대를 잡는 귀여운 방법

프랑스에서는 2024년 올림픽에서 빈대 탐지견을 활용했다고 해요. 우리나라에도 2024년에 국내 1호 빈대 탐지견이 인천공항에 투입됐어요. 무턱대고 살충제를 사용하는 건 위험하니까, 후각이 뛰어난 강아지에게 빈대의 특이한 냄새를 맡고 찾아내도록 훈련을 시킨 거예요. 빈대 탐지견은 96% 이상 정확하게 빈대나 빈대의 알을 찾아낸다고 해요. 탐지견들이 빈대를 발견하고 신호를 보내면 그 장소에 뜨거운 열을 분사해서 단 한 마리의 빈대도 놓치지 않고 퇴치할 수 있다고 해요. 정말 귀엽고 독특한 빈대 퇴치 방법이지요?

교과서 속 기후 위기 키워드

 # 게스트 하우스 여행객을 위해서 편안하게 쉴 방과 부엌, 세탁실 같은 공유 공간을 제공하는 저렴한 숙박 시설이에요.

 # 비상조치 예상치 못한 상황에서 사람들의 안전을 보호하고 문제를 해결하기 위한 행동이나 절차를 말해요.

 # 퇴치 원하지 않는 해충을 살충제나 물리적인 방법을 사용해서 없애는 활동이에요.